faceboom

JUAN FAERMAN

faceboom

Wie das soziale
Netzwerk Facebook
unser Leben verändert

Aus dem Spanischen von Beate Bauer

Danksagung

An Mariano Favetto,
der den Kuppler beim Verlag gespielt hat.

An Guiye Otero,
der für die Entstehung des Buchs gesorgt
und meine Ungeduld bezähmt hat.

Danksagung

An Patricia Iacovone,
für das großartige Lektorat und dafür, eine Aufgabe leicht gemacht zu haben, die auch schwierig hätte sein können.

An Valeria Iglesias,
Diego Gualda und Marcelo Lacanna,
dafür, dass sie ihr Talent so großzügig zur Verfügung gestellt und damit bewiesen haben, dass die wahrhaftig Großen bescheiden sind.

Inhalt

Teil I
Wozu dient Facebook?
Eine Einführung in die jüngsten Begegnungen der dritten Art …

Millionen Nutzer können nicht irren	12
Was genau ist Facebook?	16
Jetzt mal ganz von vorn	18
Die Registrierung ausfüllen	20

Den virtuellen Bürgersteig fegen (von Diego E. Gualda)	24

Wie meine Großmutter sagen würde: „Überredet, nicht überzeugt" – Facebook-Nutzer	26
Soweit ja ganz nett … aber wozu dient es wirklich?	31
Soziales Netzwerk? Oder: Das Ende sozialer Kontakte	33
Das Konzept von Freundschaft laut Facebook	38
Zurück in die Zukunft	42

Was denke ich, wenn ich auf Facebook gehe? (von Valeria Iglesias)	46

Inhalt

Teil II
Eine Autopsie von Facebook
Körper oder Leiche

Erweitere deinen Horizont	52
Telepath, Psychopath ... Worin liegt der Unterschied?	53
Was machst du gerade? – Na, was wohl – das Buch lesen!	57
Was machst du gerade? – Versuchen, *Twitter* zu verstehen ...	63
Profilfotos (Weil du dich nicht traust, den Dingen ins Auge zu schauen)	68
Ich präsentiere: mein neues ... Fotoalbum!	72
Ich werde Mitglied ... allem Wenn und Aber zum Trotz	76
Brad und Angelina führen jetzt eine offene Beziehung („Gefällt mir")	86
Es geschieht im Film, es geschieht im Leben, es geschieht bei Facebook	90
Die Höllenpinnwand	94
Gib mir alle Informationen über dich, und ich sage dir, wer du bist	96

> Über Facebook, den Schutz der Privatsphäre und ein paar Fotos von mir mit nacktem Hintern 98
> (von Marcelo Lacanna)

Knowing me, knowing you	110
I'm a loser, with a little help from my friends	117

Inhalt

In Gedanken an unsere Zukunft mache ich dir dieses Geschenk	119
Weißt du, was du mit einem Finger alles machen kannst?	121
Fame!	122
Praktische Anwendungen für zu Hause	125
Sollen wir ein paar Umfragen durchführen?	128
Zugriff erlauben?	131
Zulassen oder Anwendung verlassen?	132
Stirb nie!	133
Verdammtes Facebook, die Bullen kommen!	135

Teil III
Was kommen wird
Ein Blick in die Zukunft

Hollywood, weites Land	138
Ich sehe was, ich sehe was … was siehst du denn? Eine bunte, bunte Zukunft (Rosa oder Schwarz)	140
Die Zukunft ist auch nicht mehr das, was sie einmal war	144
Und welche Rolle spielt Facebook bei dem Ganzen?	145

Über den Autor	150
Register	151
Impressum	160

Teil I

Wozu dient Facebook?
Eine Einführung in die jüngsten Begegnungen der dritten Art ...

Facebook ist eine Internetplattform, die so schnell wächst wie keine andere. Wozu sie dient?
Schwer zu sagen: Wir sammeln Kontakte, gewinnen zahlreiche neue „Freunde" und kommunizieren, stellen uns dar, stellen Fotos online ...

Teil I

Wozu dient Facebook?
Eine Einführung in die jüngsten Begegnungen der dritten Art ...

Millionen Nutzer können nicht irren

Stell dir vor, du bist an einem Ort, an dem du noch nie zuvor warst. Du warst so vorausschauend und hast dir Karten besorgt – vollgekritzelt mit so vielen Anmerkungen, Anlaufstellen und Wegmarkierungen, dass sogar ein GPS vor Neid erblassen würde. Und doch fühlst du dich auf dem Weg zu deinem Ziel ein wenig verloren, weil sich der Zeichner des Plans nicht gerade an die realen Gegebenheiten gehalten hat.

Was tun wir in einer solchen Situation? Wir folgen der Masse. Wahrscheinlich tun wir das, weil wir denken, dass wir auch dorthin müssen, wo alle hingehen – ohne zu merken, dass dieses Verhalten weder sinnvoll noch rational ist. Wir glauben – noch so eine irrationale Annahme –, dass zwischen mehreren Möglichkeiten irgendeine herausstechen *muss*, und sind davon überzeugt, dass uns das Schicksal schon zuzwinkern und uns mit einem verstohlenen Fingerzeig den Weg weisen wird. Oder vielleicht verdankt sich dieser Impuls unserem starken Herdentrieb. Der wird immer dann ausgelöst, wenn wir uns in einer größeren Ansammlung unserer eigenen Spezies befinden. Sozusagen ein Ruf der Natur, der von unserem Intellekt Besitz ergreift und uns zwingt mitzutrotten, während wir zu uns selbst sagen: „Määäh ... määäh ... määäh, anscheinend geht es hier entlang."

Jedenfalls wissen wir, dass der Masse zu folgen keinerlei Garantie für den richtigen Weg bedeutet. Wer weiß, vielleicht ist sie ja genauso orientierungslos wie wir selbst! Wir alle sind mehr oder weniger unsicher. Manchmal halten wir am erstbesten Zeitungsstand an, um den Verkäufer nach dem richtigen Weg zu fragen, und misstrauen schließlich seiner Wegbeschreibung, weil wir auf einmal denken: „Bei dem verbitterten und bösen Gesicht, das der gemacht hat, ist er bestimmt dazu fähig, uns an der Nase herumzuführen." Und vielleicht ist unser Misstrauen berechtigt, denn wie soll man dem Urteilsvermögen und der geistigen Gesundheit von jemandem trauen, dessen Leben darin besteht, tagaus, tagein morgens um fünf aufzustehen, wenn die Vögel zu zwitschern anfangen, was uns selbst enorm auf die Nerven geht, wenn wir nach durchzechter Nacht auf unserem Nachhauseweg sind. Aber dieses Buch will sich nicht mit bemitleidenswerten Zeitungsverkäufern anlegen; nicht dass uns der hinterhältige Kerl noch hineinspuckt, wenn wir uns bei ihm über die fehlende Sonntagsbeilage beschweren!

Unser Herdentrieb kommt jedoch nicht nur zum Vorschein, wenn wir die Orientierung verloren haben, sondern zeigt sich auch in anderen Dingen wie den so häufig kritisierten Modetrends, denen wir dennoch erliegen: Diese ergeben oft noch weniger Sinn als zu glauben, dass eine Gruppe leitender Angestellter Meinungsbildner sein sollen, die uns den Weg in die modische Zukunft weisen, obwohl sie wie wir auch noch an den letzten Resten ihres Frühstücks kauen, während sie die Treppe zu ihrer Arbeitsstätte hinaufsteigen.

Doch erinnern wir uns daran: Wenn wir einem kollektiven Schicksal folgen, dann weil wir meinen, dass Trends nützlich oder gar wertvoll sind. Auch wenn wir keinen vernünftigen Grund für so einen Trend finden. Wenn wir aber behaupten, dass Modetrends wenig oder gar keinen Sinn ergeben, warum folgen wir ihnen dann?

Auf diese Frage gibt es verschiedene Antworten. Erstens: Trends werden von Leuten gemacht, die nicht dumm sind, auch wenn sie sich mit einem eitlen und verrückten Verhalten tarnen, was ein Zeichen für ihre ausgesprochene Intelligenz ist. Die intellektuelle Brillanz der Modepäpste ist enorm: Sie haben das Talent, einen Haufen Leute glauben zu machen, dass es für jedes Kalenderjahr die passende Farbe oder das passende Design gäbe. Ganz zu schweigen von dem perversen Zwang, dem wir uns unterwerfen, wenn wir ein bestimmtes Kleidungsstück in einer bestimmten Farbe „brauchen" und uns dann schlecht fühlen, wenn jemand bei einem Meeting das gleiche Kleidungsstück trägt. Meistens bedeutet also auf dem neuesten Stand der Mode zu sein nichts anderes, als sich schließlich grün und blau zu ärgern, was uns je nach Abhängigkeitsgrad von der *Cosmopolitan* die Stimmung auf einer tollen Party ruinieren kann.

Trotz Karten, Schafen, Zeitungsverkäufern und Heidi Klums, die es darauf abgesehen haben, uns die Laune zu verderben, müssen wir uns keines Verbrechens schuldig fühlen: Trends zu folgen ist eine angeborene Eigenschaft des Menschen. Oder wie sagte noch jemand sarkastisch: „Fressen Sie Scheiße! Millionen Fliegen können nicht irren."

Diese Person hatte sicher beschlossen, Aristoteles' Erkenntnis zu ignorieren, die da besagt: „Der Mensch ist ein soziales Tier." Aus dem Kontext gerissen und vereinfacht gesagt, bedeutet das, dass wir alle innerhalb eines Systems leben und darin interagieren. Das wiederum heißt, dass wir in zahllosen Situationen dringend die Anwesenheit und die Anerkennung des anderen brauchen: Es tut uns gut, wenn uns jemand lobt. Wir freuen uns, anderen eine Freude zu bereiten. Und wir wissen alle wie erleichternd es ist, einem anderen die Schuld für ein Missgeschick zu geben. Es ist nicht gut, wenn der Mensch allein ist, außer er hat Schnupfen.

Dieser Drang, mit anderen zu kommunizieren und zu interagieren, wird wohl der Grund dafür sein, dass Facebook so erfolgreich ist. Nur noch wenige Menschen wollen darauf verzichten, auch wenn sie nicht genau verstehen, wozu es eigentlich dient. Denn Facebook – ob es uns passt oder nicht – ist simulierte Gesellschaft: eine mittlere bis gehobene Gesellschaft mit Internetzugang und einem mehr oder weniger bürgerlichen Lebensstil. Es ist wie das nicht anerkannte Kind von *Second Life* und *Big Brother*. Der Unterschied liegt darin, dass man an Facebook ohne ein Casting teilnehmen kann und es keinen Gewinner gibt. Gäbe es ihn, wären wir alle Verlierer.

> Facebook versteht sich als sogenannte Social Networking Community. Der ursprüngliche Sinn von Facebook besteht wohl weitestgehend im Vernetzen von Schülern, Studenten und Arbeitskollegen, und – dem Trend folgend – auch Firmen und Institutionen. Heute tummeln sich hier sogar Personen des öffentlichen Lebens.

Was genau ist Facebook?

Laut Wikipedia – ein Klassenkamerad von Facebook im Web 2.0 – hat die Plattform ihren Namen von den Informationsbüchern, die von den Universitätsverwaltungen den Erstsemestern ausgehändigt werden, damit sie sich untereinander besser kennenlernen können. Außerdem steht da noch: „Mark Zuckerberg entwickelte Facebook gemeinsam mit den Studenten Eduardo Saverin, Dustin Moskovitz und Chris Hughes im Februar 2004 an der Harvard University – ursprünglich nur für die dortigen Studenten. Später wurde die Website für Studenten in den Vereinigten Staaten freigegeben. Weitere Expansionsschritte dehnten die Anmeldemöglichkeit auch auf Highschools und auf Firmenmitarbeiter aus. Im September 2006 konnten sich auch Studenten ausländischer Hochschulen anmelden. Im Frühjahr 2008 wurde die Website neben Englisch in den Sprachen Deutsch, Spanisch und Französisch angeboten, ab zweitem Quartal 2008 folgten weitere Sprachen, sodass heute 70 Sprachschnittstellen angeboten werden."

Der Begriff *Web 2.0* bezieht sich nicht auf eine grundlegend neue Art Technik, sondern beschreibt ein in sozio-technischer Hinsicht verändertes Nutzungsverhalten des Internets, wobei dessen Möglichkeiten konsequent genutzt und weiterentwickelt werden.

Inhalte werden in erster Linie durch die Nutzer selbst erstellt, bearbeitet und verteilt, wobei diese durch interaktive Medien weitestgehend unterstützt werden.

Dieses Wissen erklärt nicht – nicht einmal im Entferntesten –, was in Wirklichkeit hinter dieser gleichermaßen geliebten wie gehassten Website steckt. Um also zu erfahren, was Facebook ist, ist es am besten, direkt auf die Seite zu gehen.

Jetzt mal ganz von vorn

Nehmen wir an, uns wurde empfohlen, ein Profil auf Facebook zu erstellen, doch wir wollen zuerst ein bisschen genauer wissen, was uns erwartet. Bevor wir also irgendwelche Angaben machen, gehen wir logischerweise in den „Hilfebereich" und dann zu „Erste Schritte". Dort können wir uns über ein paar grundlegende Dinge zum berühmten sozialen Netzwerk informieren, die da besagen:

Mache dir Facebook zunutze: Finde deine Freunde.

Die meisten Funktionen auf Facebook basieren auf der Idee, dass es Personen in deinem Leben gibt, mit denen du dich vernetzen und in Kontakt bleiben möchtest. Egal ob es sich dabei um deine besten Freunde, Familienmitglieder, Arbeitskollegen oder um Bekannte handelt: Sobald du dich mit ihnen vernetzt, werden sie zu deinen Facebook-Freunden.

Ohne Freunde kann Facebook etwas leer erscheinen. Deshalb haben wir verschiedene Möglichkeiten erarbeitet, wie du problemlos „Freunde" finden kannst.

Da die Mehrheit von uns das Kleingedruckte überliest und weiterklickt (denn wenn wir dort sind, wissen wir bereits ungefähr, was wir machen wollen), lesen wir als Erstes auf der Startseite:

Facebook ermöglicht es dir, mit den Menschen in deinem Leben in Verbindung zu treten und Inhalte (Dein Leben? Deine Erinnerungen? Deine Vorlieben? Ein virtuelles Salami-Käse-Sandwich?) mit diesen zu teilen.

Um einen Großteil unseres sozialen Lebens einer Website anzuvertrauen, müssen wir uns ein Herz fassen und dürfen nicht zu viel analysieren. Wir fragen uns ja auch nicht, warum der Rosarote Panther eigentlich männlich ist, wo er doch rosa ist, warum er rosa ist, wo Panther doch eigentlich schwarz sind, warum er aufrecht geht, Auto fährt, mit Zigarettenspitze raucht und noch viel mehr, was ein Panther sonst nicht tut – nicht tun kann –, ohne dass die Farbe seines Fells eine Rolle spielte.

Wenn wir kurz innehalten und überlegen, was wir gleich tun wollen, müssten wir augenblicklich das Navigationsfenster schließen, da niemand mit gesundem Menschenverstand – nicht einmal ein Zeitungshändler, der tagaus, tagein um fünf Uhr morgens aufsteht –, einen Ort im Internet braucht, um sein Leben mit Menschen zu teilen, die er kennt. Aber wie schon gesagt, Millionen Fliegen können nicht irren, und wenn unsere Freunde dort sind, werden wir sie dafür nicht verachten, sondern ihre Entscheidung respektieren. Doch auf den ersten Blick ähnelt Facebook nicht gerade einer Ansammlung von Freunden. Jedenfalls nicht von solchen Freunden, an die wir gewöhnt sind.

Die Registrierung ausfüllen

Zuerst werden wir um unsere Daten gebeten, was eher einem Besuch auf dem Kommissariat als bei einer Community ähnelt. Als Nächstes werden wir um ein Foto gebeten, und wenn uns das auch auf den Gedanken bringen sollte, dass unsere Freunde unser Gesicht bereits kennen, finden wir es schließlich doch sinnvoll, da man so zwischen zwei oder mehr Personen mit demselben Namen unterscheiden kann.

Ein immer populärer werdender Trend ist das sogenannte Facebooking. Es werden Profile von Stars und Prominenten gefälscht und teilweise so gut mit Daten gefüllt, dass selbst von Facebook eingesetzte Beobachter Schwierigkeiten mit der Identifikation echter Profile haben und so teilweise die Profile der Stars anstatt der Plagiate sperren.
Von Kate Winslet gibt es beispielsweise noch immer rund ein Dutzend falscher Profile. Und auch andere Stars und Berühmtheiten werden gerne das Ziel von Online-Witzbolden. Winslet führt die Liste vor Britney Spears, Sarah Palin und Barack Obama. Eines von Kate Winslets falschen Profilen zog besondere Aufmerksamkeit auf sich, weil dessen Schöpfer dort Angelina Jolie als „fettlippige verrückte Kuh" bezeichnet hat. Diese Beleidigung ließ eine ebenso falsche Angelina Jolie nicht auf sich sitzen und antwortete entsprechend. Wahr ist: Keine der beiden Schauspielerinnen besitzt ein echtes Facebook-Profil.
Solche Scherze sind sicherlich auf den ersten Blick ein Lacher, können dem Verursacher aber teuer zu stehen kommen.
So wurden in einem Fall von Identitätsdiebstahl im letzten Jahr 22.000 Pfund Schadenersatz bezahlt, weil ein ehemaliger Freund des Opfers ein gefälschtes Profil mit kompromittierenden Falschinformationen online gestellt hatte.

Die Registrierung ausfüllen

Es gibt der ganzen Sache einen anderen Touch, da der Vorgang so eher dem Eintritt in einen Club ähnelt, wo man sich tatsächlich mit Freunden treffen kann.

Und das ist auch mittlerweile tatsächlich so: Vereine, Firmen und Institutionen mischen sich unter die User der Einzelaccounts und bilden eigene, kleine Netzwerke. So lassen sich z. B. Profile der Fernsehsender Sat.1 und Pro7, der Deutschen Post und der Deutschen Nationalmannschaft bei Facebook finden.

Sobald der virtuelle Papierkram erledigt ist, betreten wir eine Art Matrix vom *Big-Brother*-Haus, und Einsamkeit und Angst bemächtigen sich unser. „Wo sind denn nur alle?", fragen wir uns. „Vielleicht haben sie sich versteckt, weil die Jungs und Mädels eine Überraschungsparty für mich vorbereitet haben. Diese Schlingel ..."

Doch die Minuten vergehen, und niemand taucht auf. Also tun wir, was jeder tun würde, der an einem Ort, wo er niemanden kennt, zu verzweifeln beginnt: Wir suchen nach einem bekannten Gesicht. So kommt es, dass sich nach und nach Leute einfinden und die Angaben zur Person und Fotos langsam einen Sinn ergeben. Vor allem, wenn wir einen Freund mit Nachnamen Müller haben, dessen Eltern nicht vorausschauend genug waren, um ihm nicht den Namen Peter zu geben. Wenn man einen gängigen Nachnamen hat und weiß, dass Facebook existiert, muss man vorbauen und ihm einen etwas ausgefallenen Vornamen geben, damit seine Freunde ihn leichter finden. Wie viele Melchiades

Müller gibt es wohl bei Facebook? Wahrscheinlich wenig unter den derzeit 400 Millionen aktiven Nutzern, die Facebook im Februar 2010 angeblich hat:

Unternehmenszahlen:
- Über 400 Millionen aktive Nutzer
- 50 Prozent der aktiven Nutzer besuchen Facebook täglich
- Über 35 Millionen Nutzer aktualisieren ihren Status täglich
- Über 60 Millionen Status-Updates werden täglich „gepostet"
- Über 3 Milliarden Fotos werden monatlich hochgeladen
- Über 5 Milliarden Inhalte werden wöchentlich „geshared" (Links, News, Blogs, Notes, Fotoalben etc.)
- Über 3,5 Millionen Events werden monatlich erstellt
- Über 3 Millionen Pages sind auf Facebook verzeichnet
- Über 1,5 Millionen Pages stammen dabei von lokalen Geschäften
- Über 20 Millionen Nutzer werden täglich Fan einer Page
- Die Pages haben bereits 5,3 Milliarden Fans erzeugt

„Wenn Facebook ein Land wäre, dann gehörte es zu den fünf bevölkerungsreichsten der Welt, vor Japan, Russland, Brasilien und Nigeria." Und Mark Zuckerberg fügt hinzu: „Die Welt hat 20.000 Jahre gebraucht, um es auf 200 Millionen Bewohner zu bringen."

Wenn Facebook also ein Land wäre, hätte es abgesehen von seinem beeindruckenden Bevölkerungswachstum bei gleichbleibendem Trend ein ernsthaftes Problem. Jedenfalls ist das erst der Anfang; die Wachstumsgeschwindigkeit wird später noch Gesprächsthema sein. Wir halten hier fest, dass es Anfang 2009 150 Millionen Nutzer waren und Ende April bereits 200 Millionen. Das bedeutet, dass von Januar

Die Registrierung ausfüllen

bis April 2009 das Netz um 50 Millionen Mitglieder angewachsen ist, oder anders gesagt, um eine halbe Million Nutzer pro Tag.

Obwohl wir nicht verstehen, wie sich in diesem Land die Menschen in so großer Zahl und so schnell vermehren können, wo es doch nirgendwo Sex zu geben scheint, wollen wir uns nicht von der beeindruckenden Statistik einschüchtern lassen, sondern setzen unsere Mission fort und suchen nach Menschen, die wir kennen.

So tauchen also nach und nach bekannte Gesichter auf. Das virtuelle Treffen bekommt immer mehr Zulauf, und man fühlt sich gut aufgehoben. Nach der ganzen Anstrengung denkt man irgendwann, dass das doch jetzt total spaßig werden muss. Aber nichts davon. Wir bekommen einen „virtuellen Martini" und fragen uns, ob wir uns nicht in der Website geirrt haben, vielleicht bei einem gefälschten Facebook gelandet sind und das Original – das, von dem alle so begeistert sind – ein anderes ist. Oder ob es wahnsinnig nützlich ist und wir es nur nicht begriffen ha-

Original und Plagiat?
Facebook verklagt StudiVZ: Es sei eine Fälschung des amerikanischen Facebook-Originals. So lautet eine von Facebook vorgelegte Klage, in welcher StudiVZ der Raub von geistigem Eigentum vorgeworfen wird. Zudem soll sich StudiVZ illegal Zugriff zum Facebook-System verschafft haben und so an den Quellcode gelangt sein. Facebook hat StudiVZ deshalb auf Unterlassung verklagt.

ben, weil wir so schrecklich voreingenommen sind. Zum Plaudern taugt es jedenfalls nicht. Als Mann kann man nicht einmal von dem Mädchen erzählen, mit dem man etwas hatte, oder Fußball spielen. Und als Frau kann man über niemanden herziehen oder jemanden finden, der einen auf die Toilette begleitet.

Was die Analogien zwischen Virtualität und Realität betrifft, füge ich hier einen Artikel des argentinischen Autors und Journalisten Diego E. Gualda ein:

Den virtuellen Bürgersteig fegen

Früher sind die dicken Damen in Morgenrock und mit Lockenwicklern auf dem Kopf am Morgen hinausgegangen, um den Bürgersteig zu fegen. In Wirklichkeit handelte es sich bei diesem Ritual um eine ausgeklügelte Informationsmaschinerie, sozusagen das Epizentrum des Geheimdienstes eines Stadtteils. Das Fegen der Bürgersteige war der perfekte Vorwand, um Informationen weiterzugeben wie „Matildes Tochter ist schwanger", „Barbara hat ihren Mann auf die Straße gesetzt, weil sie ihn mit einer anderen erwischt hat" oder „Claudias Sohn hat sich mit seiner Verlobten gestritten, und das zwei Monate vor der Hochzeit". Außerdem konnte man Dinge hören wie „Hast du gesehen, dass Dieter Schuppenflechte hat?" oder „Der Sohn des Eisenwarenhändlers ist schon wieder arbeitslos". Ja, das alte Axiom dessen, was mitteilenswert ist: Gesundheit, Geld und Liebe. Oder Sex, Macht und Skandale. Interna der Nachbarschaft natürlich.

Soziale Netzwerke dienen dazu, wie eine Freundin von mir sagt, diejenigen in den Mittelpunkt zu rücken, die am Rand stehen, und diejenigen ein wenig beiseitezudrängen, die zu sehr im Mittelpunkt stehen. Und in vielen Fällen die Kommunikation zu blockieren, anstatt sie zu verbessern. Wozu den alten Freund anrufen, wenn ich mich über Neuigkeiten auf Facebook, in seinem Blog und durch sein letztes Tweet informieren kann? Die elektronische Kommunikation hat dafür gesorgt, dass die Romantik des Papiers verschwindet. Früher bedeutete Korrespondenz, dass man eine Handvoll Umschläge aus dem Briefkasten nahm, sie durchsah, Rechnungen und Werbung aussortierte, die öffnete, die wirklich interessant waren, und den Rest in den Papierkorb warf. Jedes Papier hat seinen eigenen Charme: den Glanz der Flugblätter auf Grafikpapier, die Leichtigkeit des Luftpostpapiers, die Sprödigkeit der Kreditkartenabrechnung, das Fenster aus Polystyrol der Stromrechnung.

Seit es die elektronischen Medien gibt, glänzen alle Briefe gleich: Icons in Form eines Umschlags in Outlook, die man nicht mehr mit einem Brieföffner aufschlitzt – oder, wie den gewöhnlichen Briefumschlag, einfach gewaltsam aufreißt – sondern mit dem Kraftaufwand eines Doppelklicks auf die Maus öffnet. Das laut hinausposaunte „Ein Brief von Cousin Alfredo!", der nach Europa ausgewandert war, hat sich in ein sprödes „Du hast eine neue Nachricht auf Facebook über den Zustand von Alfredos Hämorriden" verwandelt.

Früher sind die dicken Frauen hinausgegangen, um den Bürgersteig zu fegen, was nicht nur eine Frage der Sauberkeit war, sondern auch dazu diente, den neuesten Klatsch zu erfahren. Heute informieren sie sich lieber auf Facebook – dem Bürgersteig des 21. Jahrhunderts – darüber, „dass Thomas eine Beziehung zu Laura hat".

Wie meine Großmutter sagen würde: „Überredet, nicht überzeugt"

Die Hauptbeschäftigung der meisten Leute, die bei Facebook registriert sind, pendelt zwischen Status-Updates schreiben (im Feld „Was machst du gerade?"), damit uns jemand schreibt, dem Kommentieren der Status-Updates der anderen, auf „Gefällt mir" klicken, wenn wir jemandem eine virtuelle Streicheleinheit zukommen lassen wollen, und Einladungen ablehnen oder annehmen, um uns absolut abwegigen Gruppen anzuschließen. Allerhöchstens werfen wir mal einen Blick auf „Leute, die du vielleicht kennst", um zu sehen, ob es irgendein interessantes Foto von jemandem gibt, der ein potenzielles Opfer sein könnte. Eine Begeisterung, die sich ziemlich rasch verflüchtigt, wenn wir merken, dass man eine Zeit lang von Illusionen leben kann, aber nicht für immer.

Jedenfalls können wir vier Arten von Facebook-Nutzern unterscheiden, die in keiner der Gruppen, die wir mögen, fehlen dürfen. Hier absteigend nach dem Grad von Fanatismus sortiert:

Derjenige, der bis zum Hals drinsteckt und es nicht leugnen kann
In dieser Minderheitengruppe befinden sich Mitglieder der Facebook-Community, die in dem sozialen Netz das perfekte Werkzeug dafür gefunden haben, ihren Aktivitäten nachzugehen. Wir sprechen über einen Nutzer, der den Bereich Status-Update dazu nutzt, jede einzelne seiner Aktivitäten kundzutun, und er ist sogar dazu in der Lage, sich so oft, wie er es für nötig hält, zu wiederholen, nur damit keiner abspringt und aufhört, seine Mitteilungen an den Rest der Bevölkerung zu lesen. Abgesehen von seiner Abhängigkeit ist er ein Profi der Interaktion und lässt sogar über die Wahl des Abendessens öffentlich abstimmen. Er hat meistens einen leichten oder ausgeprägten Grad an Schizophrenie, der in seinen Monologen sichtbar wird, z. B. wenn er sich die Frage stellt: „Was machst du gerade?", und sich selbst die erste Antwort schickt und obendrein noch „Gefällt mir" anklickt.

Es handelt sich hierbei um einen Nutzertypus, der auf Facebook etwas findet, das sonst nur schwierig zu bekommen ist: Er erhält Reaktionen auf seine Aktivitäten und wird von deren Unvermitteltheit (die im Laufe der Zeit und durch neu hinzukommende Funktionen wie zum Beispiel die Veröffentlichung von Elementen und Nachrichten zunimmt) angespornt. Dieser Nutzer zeichnet sich ebenfalls dadurch aus, dass er unermüdlich fremde Fotos oder Testergebnisse kommentiert, die unglaublichsten Umfragen macht (wie wir später noch sehen werden), wahllos Fotoalben und Texte hochlädt, Videos verlinkt und seine persönlichen Vorlieben zu allen möglichen Themen veröffentlicht. Das heißt, er betrachtet seine Präsenz bei Facebook fast als Job. Und manchmal mehr als das.

Unter einer *Focus Group* versteht man eine Form der Gruppendiskussion, die gerne in der Marktforschung eingesetzt wird. Trends lassen sich so schnell und kostengünstig erkennen.

Um repräsentativ zu sein, müssen allerdings mehrere solcher Gruppendiskussionen mit unterschiedlichen Teilnehmern stattfinden.

Es sind Nutzer, die gleichzeitig ihre eigenen Publizisten und PR-Agenten sind und sich selbst wie Produkte behandeln und dafür sogar Marketing betreiben. Um das Bild zu vervollständigen und dieser Doppelrolle würdig zu sein, bilden sie ihre eigenen *Focus Groups*, und jede noch so kleine Aktivität wird zu einer Art Miniumfrage darüber, welchen Eindruck man hinterlassen hat.

Eine Sucht, von der man nur schwer wieder loskommt und der wir alle mehr oder weniger verfallen sind. Es geht definitiv um öffentliche Anerkennung und unsere berühmten 15 Minuten Ruhm auf Facebook.

 Derjenige, der bis zum Hals drinsteckt und es sich nicht eingestehen will
Das ist die Mehrheit. Der durchschnittliche Facebook-Nutzer ist von einem Moment zum anderen gefangen, ohne zu verstehen, weshalb er sich mit etwas beschäftigt, das er nicht kennt und wo er auf der Suche nach etwas, das er nie finden wird, mal hierhin und mal dorthin klickt. Er betrachtet Fotos, bestätigt Freundschaftsanfragen und sucht selbst Freunde, macht Tests und gratuliert zum Geburtstag. Er nimmt auch Einladungen zu Gruppen und Veranstaltungen an, hin und wieder chattet er und schickt in regelmäßigen Abständen Nachrichten, während er sich davon zu überzeugen versucht, dass dies praktischer sei, als eine E-Mail zu verschicken. Als richtiger Abhängiger leugnet man selbstverständlich jeden dieser Zwänge und nutzt sogar jede sich bietende Gelegenheit, um über „diesen Blödsinn Facebook" herzuziehen.

Derjenige, der mal schaut, was da los ist
Der Nutzertypus, der im Umgang mit dem Internet unerfahren ist und dem es trotz erheblicher Anstren-

gungen nicht gelingt, sich in die virtuelle Gemeinschaft einzugliedern. Er zeichnet sich dadurch aus, dass er ein Profil erstellt, nur drei oder vier Freunde hinzufügt und es nicht fertigbringt, ein Bild für sein Profil hochzuladen oder das erst tut, wenn Facebook ihn dazu auffordert. Er nimmt auch nicht an den Diskussionen teil, und hofft darauf, dass es sich nur um einen vorübergehenden Trend handelt.

Derjenige, der jenseits von Gut und Böse ist
Er weiß nicht, was Facebook ist, und wenn er es weiß, empfindet er sogar einen gewissen Genuss dabei, kein Profil dort zu haben, weil er sich so als Außenseiter fühlt, was ihn zu jemanden mit Haltung und Persönlichkeit macht. Vielleicht hat er einmal heimlich ein Profil erstellt, es jedoch rasch wieder gelöscht. Wahrscheinlich hat er noch immer kein Mobiltelefon, auch wenn es ihm in seinem Innersten gefiele – was er natürlich nie zugeben würde. Es ist eine Art Aufruf zum Widerstand an sich selbst gegen den Mainstream. Er hätte gern die Greatest Hits von Shakira auf dem *iPod*, doch der steht ausschließlich für Indie-Gruppen zur Verfügung, die nur er kennt und von denen er zumindest glaubt, dass er sie gut findet.

Vielleicht fühlst du dich als Leser einer der vier Gruppen zugehörig, doch viele werden sich mit mehr als einer identifizieren, je nachdem, welche Beziehung sie im Moment zu Facebook unterhalten. Es ist unleugbar, dass alle Nutzer anfänglich eine Phase vorsichtigen Herantastens und Misstrauens durchlaufen. Und dann gibt es die, die dabeibleiben, und die, die sofort wieder abspringen.

Unter Ersteren gibt es zahlreiche Fälle (die große Mehrheit), die an Facebook „erkranken" (es entspricht lediglich einer Magenverstimmung, nichts Schwerwiegendes, hoffen wir jedenfalls), doch nach einer Weile, wenn die Sache nicht das bringt, was sie verspricht, entfernen sie sich nach und nach, bis sie es überhaupt nicht mehr beachten. Das erklärt, warum, auch wenn wir über 300 „Freunde" haben, scheinbar immer dieselben zehn auftauchen, die unermüdlich jeden Tag bei Facebook sind, sämtliche Tests mitmachen, über die sie stolpern, und sich dann über die falschen Ergebnisse beklagen. Als wäre man Protagonist in einer virtuellen *Truman Show*, in der dieselben Schauspieler auf Anordnung des Direktors auftreten. Mit einer Routine und nach einem Muster, das auf den ersten Blick schwer zu erkennen ist.

**So weit ja ganz nett ...
aber wozu dient es wirklich?**

Wenn wir Barack Obama die Frage stellen würden oder Nicolas Sarkozy, würden sie bestimmt antworten, dass es dazu dient, Wahlen zu gewinnen, weil für beide Facebook zu einem der wichtigsten Medien in ihrem Kampf um die Präsidentschaft in ihren jeweiligen Ländern geworden ist.

> Aber das kann schnell auch ins Gegenteil umschlagen: Ex-Bundespräsident Horst Köhler stolperte über die Macht solcher Medien, die seinen Rücktritt durch Aktualität und immenser Verbreitungsmöglichkeit inszenierten. Am Ende musste er dem Druck der virtuellen Informationsmacht nachgeben. Verbraucherschutzministerin Ilse Aigner erkannte die Möglichkeiten und griff potenziellem Missbrauch durch die Löschung ihres Accounts vor – ein deutliches Zeichen von ganz oben, das Facebook unmissverständlich ins Zwielicht rückt und die Vertrauensfrage aufwirft.

Da uns das nicht betrifft, ist die Frage, wozu diese Plattform dient, ein großes Rätsel für alle, die mit Facebook in Berührung gekommen sind. Die Antwort ist überhaupt nicht einfach, und wenn wir irgendeine Hypothese entwickeln wollen, die unsere Erwartungen erfüllt, und nicht nur oberflächliche Scheinantworten liefert, brauchen wir dieses Buch. Ein ganzes Buch, um Schritt für Schritt zu einem genauen Verständnis eines Zeitvertreibs zu kommen, der nutzlos und oberflächlich zu sein scheint und trotzdem Millionen von Menschen unabhängig von ihren intellektuellen, sprachlichen oder soziokulturellen Unterschieden auf dem ganzen Planeten in den Bann schlägt.

Das heißt, wenn man Internetzugang hat, wird man irgendwie auf Facebook stoßen, und die Wahrscheinlichkeit ist sehr hoch, dass man – wenn auch nur aus

Neugier – ein Profil erstellt. Schließlich tut das die ganze Welt ...

Weshalb müssen wir also wissen, wozu es gut ist? Woher kommt dieser Zwang, für alles eine Erklärung haben zu wollen? Könnten wir uns nicht einfach dem kleinen oder großen Genuss hingeben, den es uns verschafft, und es als Unterhaltung oder Zeitvertreib betrachten? Diese simple Frage kommt bestimmt deshalb auf, weil wir eine gewisse Scham über unser idiotisches Verhalten empfinden, dass wir süchtig nach einer oberflächlichen Website sind, die bei genauerem Hinsehen nicht viel zu bieten hat.

Oberflächlich, sagen wir? Vielleicht ist das das Schlüsselwort, wenn es darum geht, ein Schuld- oder Schamgefühl zu analysieren, das unser Aufenthalt auf Facebook erzeugt. Wir haben es schon angedeutet, als wir über Trends sprachen, doch scheint Facebook mit seinem kontinuierlichen Zuwachs mehr als das zu sein ...

Soziales Netzwerk?
Oder: Das Ende sozialer Kontakte

Auch wenn sich Facebook selbst als soziales Netzwerk bezeichnet, hat es von „sozial" herzlich wenig. Zumindest im politischen Sinne des Wortes. Vor allem wenn wir daran denken, dass Facebook uns eine Verabredung, einen Anruf oder sogar etwas so Unpersönliches wie das Schreiben einer E-Mail „erspart". Das geht so weit, dass es in einigen Fällen Messenger und sogar SMS aus dem Feld schlägt.

Ganz zu schweigen davon, wie sich diese Veränderung in einigen Gesellschaften wie den lateinamerikanischen auswirkt, vor allem in Argentinien, wo man sich stets damit gebrüstet hat, dem Treffen von Freunden – egal ob in der Kneipe, wo am Tresen die Welt verhandelt wird, auf der Party, wo wir beim Bier zusammensitzen, bis die Kerzen ausgehen, oder beim Barbecue – eine viel größere Bedeutung beizumessen als in anderen Breitengraden.

> Deutschlands Stammtischmentalität steht dem jedoch sicherlich in nichts nach. So bleiben die wirklich „lebenswichtigen" Dinge, die dort besprochen werden, nicht länger in trauter Runde zwischen Wirt und Zechbrüdern – sie verbreiten sich von dort auch immens schnell über die virtuellen sozialen Netze.

Weshalb ertappten wir uns also so oft dabei, dass wir die Seite öffnen und jemandem, den wir mögen, einen virtuellen Martini schicken, anstatt ihn tatsächlich zu trinken? Ist es nicht viel besser, sich live zu sehen und zu schauen, was sich da entwickelt, wenn man einen echten Martini ausgibt? Oder ist es etwa besser für das Ego, nicht an die Möglichkeit einer Zurückweisung oder eines misslungenen Dates zu denken? Macht uns Facebook vielleicht ein bisschen – oder ziemlich – dumm, wenn es uns dazu bringt, eine Reihe von binären Nullen und Einsen lieber zu mögen? Doch Facebook missbraucht unsere Dummheit nicht. Im Gegenteil, es stellt sich selbst dumm, da es weiß, dass diese Dummheit wunderbar funktioniert in dem Moment, in dem sie mit unserer eigenen zusammentrifft. Vielleicht ist es dieselbe Idiotie, die uns verführt und in den Bann schlägt. Das geht so weit, dass wir nicht einmal mehr darüber nachdenken, dass hinter dem Berg von Bytes, die sich durch das Internet bewegen, Personen und Firmen stecken, die aus ganz unterschiedlichen Interessen begierig sind, Information über uns zu sammeln, die wir völlig unbedarft preisgeben. (Wir wollen damit auf keinen Fall andeuten, dass die Anfangsbuchstaben jener Firma Facebook – wenn wir den genauen Firmennamen Facebook International oder Facebook Inc. nehmen – zufälligerweise die Abkürzung FBI ergeben … aber es gibt sie, diese Personen und Firmen.)

Die meisten „Freunde", die wir in unserem Profil auf Facebook haben, sind uns völlig fremd. Sonst wüssten sie, womit wir uns beschäftigen, was uns gefällt oder wie unser derzeitiger Familienstand ist. Also muss man zu der Frage „Wozu dient Facebook?" eine weitere hinzufügen, die da lautet: „Warum tun wir es?" Wenn wir wissen, dass Facebook eine fiktive Wirklichkeit ist – oder eine „Nicht-Wirklichkeit" oder „Halbwirklichkeit" –, die wir ernst nehmen wie sonst kaum etwas … Warum nutzen wir diese Plattform? Welche Bedürfnisse werden dabei befriedigt?

Teil I – Wozu dient Facebook?

Eine interessante Übung besteht darin, Facebook innerhalb der berühmten „Bedürfnispyramide nach Maslow", die der US-amerikanische Psychologe Abraham Maslow 1943 entwickelt hat, zu verorten:

Selbstverwirklichung
Sittlichkeit, Kreativität, Spontaneität, Vorurteilslosigkeit, Hinnahme von Tatsachen, Problemlösung

Anerkennung und Wertschätzung
Selbstachtung, Vertrauen, Respekt, Erfolg

Sozialbedürfnis
Freundschaft, Zuneigung, Intimität

Sicherheit
körperliche, existenzielle, moralische, familiäre, gesundheitliche, und existenzielle Sicherheit

Grund- und Existenzbedürfnisse
Atmung, Ernährung, Ruhe, Sex, Selbstregulation

Schwierig, was? Auch wenn es offensichtlich ist, es der Kategorie „Sozialbedürfnis" zuzuordnen, worunter sich auch Freundschaft befindet, könnte Facebook als Verbindungsglied zwischen dem Menschen und der Befriedigung all seiner Bedürfnisse, sogar der physiologischen mit unserem unverzichtbaren und – wenn wir Glück haben – so heiß geliebten Sex betrachtet werden.

Soziales Netzwerk? Oder: Das Ende sozialer Kontakte

Über dieses Thema hat eine vor allem den Argentiniern bekannte Persönlichkeit, der Schriftsteller, Denker, Radio- und Fernsehmoderator Alejandro Dolina vor vielen Jahren – lange bevor Facebook erfunden wurde – eine ambitionierte und gut unterfütterte Theorie aufgestellt, die behauptet: „Alles, was ein Mann tut, tut er, um Frauen zu erobern." (Es spielt dabei keine Rolle, ob man eine Beziehung hat oder nicht; es bezieht sich auf das Bedürfnis zu gefallen, zu verführen und sich vom anderen begehrt zu fühlen – und umgekehrt). Eine schwer zu widerlegende These, und wenn sie auch implizit Maslows Modell vereinfacht, widerspricht sie ihm überhaupt nicht und hilft uns vielleicht endlich, die Unmengen an Zeit, die wir mit Facebook verbringen, zu begreifen.

> Facebook generiert keine reale Darstellung seiner Anwender. Vielmehr erzeugt es eine zweite, virtuelle Realität, in der nicht wenige abtauchen, um darin als gestylter und gepimpter Avatar aufzutauchen. Fraglich ist, ob das eine solide Basis sein kann, wenn Mann auf diesem Weg versucht, „Frauen zu erobern", und sich die Facebook-Realität später in der Wirklichkeit bewähren muss.

Entgegen Zuckerbergs Aussage, dass Facebook eine Plattform ist, auf der man Freunde trifft, haben viele ganz richtig erkannt, dass seine eigentliche Attraktivität darin besteht, sich selbst darzustellen. Dieses Argument hat definitiv seine gewisse Berechtigung. Aber da ist noch viel mehr als das …

Das Konzept von Freundschaft laut Facebook

An erster Stelle ist es wichtig, sich zu vergegenwärtigen, dass Facebook bestimmte Begriffe auf seine eigene Weise verwendet und ihnen eine etwas andere Bedeutung gibt. Ein gutes Beispiel hierfür ist das Wort „Freundschaft":

Im *Wörterbuch der Soziologie* wird Freundschaft von Karl-Heinz Hillmann beschrieben als ein …

„… soziologisch schillernder Begriff für eine besonders persönlich gefärbte Form direkter sozialer Beziehungen, die – ohne spezifische Rollenverpflichtung – freiwillig und auf längere, nicht fixierte Dauer eingegangen wird."

(Hillmann, 1982: S. 224).

Hingegen sagt Wikipedia: „Freundschaft bezeichnet eine positive Beziehung und Empfindung zwischen Menschen, die sich als Sympathie und Vertrauen zwischen ihnen zeigt. Die in einer freundschaftlichen Beziehung zueinander stehenden Menschen bezeichnet man als Freundin bzw. Freund. In einer Freundschaft schätzen und mögen die befreundeten Menschen einander um ihrer selbst willen. Freundschaft beruht auf Zuneigung, Vertrauen und gegenseitiger Wertschätzung. Eine Freundschaft wird geschlossen, geht sie einem Ende zu, so erkaltet sie."

Das Konzept von Freundschaft laut Facebook

Es ist offensichtlich, dass Wikipedia sich mehr an den alltäglichen und allgemeinen Aspekten von Freundschaft orientiert. Facebook sieht das jedoch anders. Facebook und Wikipedia gehören beide dem sogenannten Web 2.0 an, auch wenn sie nicht einer Meinung sind. Das Web 2.0 bezeichnet eine neue Epoche des Internets, in der die Nutzergemeinschaften, die untereinander Informationen austauschen, dominieren. Ihre Seiten fungieren als Treffpunkt. Andere Beispiele für typische Plattformen von Web 2.0 sind Blogs, Fotologs und die Fotoarchive. Wenn wir also berücksichtigen, dass Facebook den Austausch von Daten und Erfahrungen der Nutzer begünstigt – genau wie viele andere soziale Netze, wenn auch am erfolgreichsten –, könnten wir sagen, dass es praktisch der Fahnenträger des Web 2.0 ist.

Worum geht es also? Wozu dient Facebook? Um Leute kennenzulernen? Um sich selbst darzustellen? Um Informationen hochzuladen? Vielleicht ist es an der Zeit, denselben Weg zurückzugehen und ein paar unserer ursprünglichen Annahmen zu verwerfen oder zu untermauern.

Führen wir uns noch einmal das Konzept von Freundschaft, mit dem Facebook operiert, vor Augen. Weder entspricht es dem des Wörterbuchs der Soziologie noch dem von Wikipedia noch einem allgemeinen menschlichen Verständnis. Die Facebook-„Freunde" haben mit den realen Freunden wenig zu tun, weil die

Menschen, mit denen wir freundschaftlich verbunden sind, unsere Telefonnummer oder Postanschrift kennen oder zumindest wissen, wie sie sich diese schnell besorgen können.

Wenn ich den Kontakt zu einer Person seit über zehn Jahren aufgegeben habe, glaube ich kaum, allzu viel verpasst zu haben. Anders empfinde ich bei Personen, die ich noch gar nicht kennengelernt habe und die einen Großteil meiner virtuellen Freunde ausmachen. Laut Facebook ist jeder „Freund" eines „Freundes" ebenfalls unser „Freund". Von diesem Augenblick an werden alle „Freunde" unseres „Freunds" dies ebenfalls sein. Gemäß den Worten des Facebook-Gründers hat jeder Nutzer durchschnittlich hundert Freunde, über die ich mehr erfahren will. Zum Glück kann man sich nicht irgendeine Krankheit holen, wenn man Facebook ungeschützt benutzt!

Dabei kann man die Tatsache nicht außer Acht lassen, dass das Konzept von Freundschaft je nach Geschlechtszugehörigkeit markante Unterschiede aufweist. Wir versuchen nicht diese Erkenntnis als neu zu verkaufen, wenn wir sagen, dass das, was ein Mann unter Freundschaft versteht, etwas völlig anderes ist als das, was eine Frau unter Freundschaft versteht. Man findet nicht selten Männer, die eine sexuelle Beziehung zu einer Freundin eingehen würden, während das umgekehrt nicht unbedingt der Fall zu sein scheint ... Jedenfalls wird das so behauptet – und

Das Konzept von Freundschaft laut Facebook

wahrscheinlich stimmt es sogar; und falls nicht, muss man zumindest anerkennen, dass Frauen untereinander viel besser organisiert sind oder zumindest denselben Code benutzen, was ihnen ein unerschütterliches Gefühl von Gruppenzugehörigkeit gibt. Um Zweifel diesbezüglich auszuräumen, genügt es, bei der Arbeit oder in einer Gruppe von Freunden folgende Frage zu stellen: „Glaubst du an die Freundschaft zwischen Mann und Frau?" Die Antworten werden je nach Geschlecht des Befragten diese Annahme mit Sicherheit bestätigen.

Somit könnte man also sagen, dass Facebook aus drei Parallelwelten besteht:

Aus der von Männern,
die Frauen kennenlernen wollen.

Aus der von Frauen,
die Freundschaften schließen wollen.

Aus der von Frauen, die Männer kennenlernen wollen, jedoch behaupten, Freundschaften schließen zu wollen.

Zurück in die Zukunft

Auch wenn von den über 400 Millionen Personen, die sich auf Facebook tummeln, mindestens 399.999.990 wissen wollen, wozu es dient (wozu es WIRKLICH dient), machen wir brav unsere Angaben und glauben, dass im nächsten Moment alles gut wird. Es ist ein bisschen wie das Rauchen: Am Anfang wird einem davon schwindlig und man muss husten, doch schon nach fünf Zigaretten, die man geraucht hat, um die anderen zu beeindrucken und zu zeigen, dass man ein selbstsicherer, sexy Typ ist, steckt man bis zum Hals drin und kann es nicht mehr lassen, obwohl man merkt, dass es ein Laster ist.

Wir sind sozusagen Facebook-süchtig und glauben dazu auch noch cool und innovativ zu sein, weil wir auf eine Kommunikationsform der Zukunft setzen. Aber wie beim Rauchen – was ist daran wirklich cool und sexy? Es ist vor allem eine Pose. Und wie zukunftsorientiert ist es eigentlich, wenn wir auf Facebook vor allem in unserer Vergangenheit stöbern?

Einer der größten Anreize, der viele dazu bringt, Facebook zu nutzen, ist nichts anderes, als alten Freunden/Partnern/Sandkastenlieben wieder zu begegnen. Das merkt man vor allem dann, wenn jemand zum Beispiel ein „Fan" wird (auf die Bedeutung des Wortes „Fan" komme ich später noch zurück) von Alberto Olmedo (einem vor über zwanzig Jahren verstorbenen argentinischen Schauspieler, der heute im Fernsehen nicht mehr gezeigt wird). Bedeutet das etwa, dass er wieder im Gespräch ist, weil gerade Retro in ist? Dass die Person gerade erst ein Fan geworden ist und es zuvor nicht war? Oder dass sie irgendwie in diese Vergangenheit zurückkehren möchte?

Facebook ist so stark in Revival-Bewegungen und die Sehnsucht nach alten Zeiten involviert, dass im Jahr 2008, als plötzlich das „Facebook Beta" auftauchte (ein neues grafisches Design der Website, das auf einen üppigeren und ästhetischeren Auftritt zielte), Tausende von Nutzern ihr Missfallen darüber zum Ausdruck brachten und zum Boykott des neuen Facebook aufriefen (das wiederum im März 2009 zum „neuen alten Facebook" wurde, als es einer weiteren radikalen Neugestaltung unterzogen wurde). Sie verlangten „das alte Facebook zurück" (das jetzt schon als Prähistorie gilt).

Auf der amerikanischen Facebook-Seite wird derzeit gezielt nach Beta-Testern für ein neues Produkt bzw. ein neues Feature für Facebook gesucht, welches so aufregend wie Facebook Fotos und Events sein soll. Um es aber zu veröffentlichen, braucht man noch Unterstützung. Als Beta-Tester soll man Fragen zu seinen Lieblingsthemen stellen und auch gleich eine Antwort liefern. Wem spontan nichts einfällt, kann aus einigen vorgeschlagenen Fragen eine auswählen, unter anderem: „What are the main differences between *Google* Chrome and Internet Explorer?" Oder: „What methods has BP tried to clean up the oil spill?" Wird man als Tester akzeptiert, so erhält man innerhalb von 24 Stunden weitere Informationen.

Zweifellos sind die Dinge immer schneller überholt, oder es handelt sich bestenfalls um eine besorgniserregend frühe Nostalgie, was Altes angeht. Wie sagte der argentinische Comicheld „Gaucho Inodoro Pereyra" noch: „Es ist so, dass wir in sehr zeitgenössischen Zeiten leben."

Diese ganze Bewegung von Flashbacks in die Kindheit und Jugend der Siebziger- und Achtzigerjahre scheint kein Zufall zu sein, wenn wir bedenken, dass das Alter der meisten Nutzer von Facebook zwischen 20 und 40 liegt – die offiziellen Statistiken von Facebook sagen, dass der höchste Zuwachs von Nutzern bei den 30-Jährigen aufwärts festzustellen ist. Es sind also die Personen in der Mehrzahl, die ihre Kindheit in den Siebzigern erlebt haben und heute die Funktionsträger in den Unternehmen sind. Es sind die, die mit der Geburt des PC groß geworden sind: Sie spielten mit dem Atari und dem Commodore 64 und haben ihren Spieltrieb auf die *Playstation*, die *Nintendo*-Konsole *Wii* und in manchen Fällen auf das *iPhone* übertragen. Es sind jene, deren Technikverständnis damit erschöpft ist und die Fotolog nicht verstehen bzw. nicht verstehen *wollen*. Sie fühlen sich mit Facebook und einfachen Blogs jedenfalls viel wohler. Man kann

Fotolog ist eine der größten Fotoblog-Websites und Social Networking Sites weltweit. Fotolog gehört mit über 20 Millionen registrierten Usern zu den ältesten und größten Sites, auf welcher man Fotos in Onlinetagebüchern oder Fotoblogs hochladen kann.

daraus auch schließen, dass diese Leute in Facebook einen Ort des Miteinanders und nach Möglichkeiten suchen, Leute in ihrem Alter zu finden und Beziehungen zu knüpfen, wie sie es vor 15 Jahren in einer Disco getan haben. Eigentlich eine sehr konservative Einstellung.

Der Begriff Blog leitet sich ab von Web-Log – eine Kreuzung aus WorldWide*Web* und *Log*buch.
Ein Blog ist ein auf einer Website geführtes Tagebuch, das gewöhnlich jeder einsehen kann. Bei den chronologisch veröffentlichten Inhalten handelt es sich meist um Persönliches, News zu einem Thema oder Meinungsäußerungen. Ein Blog ist häufig „endlos".

Also ist Facebook nicht allein „das Bedürfnis nach Applaus, um seine Selbstachtung zu stärken", oder nach „Selbstdarstellung" und auch nicht einzig nach „Erinnerung", sondern all das auf einmal, denn mitzumachen heißt zugleich, ein „Produkt" anzupreisen, es in einer Art Schaufenster zu präsentieren, um Leute kennenzulernen, die emotionale und persönliche Codes mit uns teilen. Die Absichten, die dahinterstecken, können je nach Lebenssituation und Interessen jedes Einzelnen ganz unterschiedlich sein.

Ans Ende dieses ersten Teils sei ein Artikel der Schriftstellerin Valeria Iglesias gestellt. Sie fragt sich, weshalb sie noch immer auf Facebook geht, obwohl sie erkennt, dass sie keinen bestimmten Nutzen davon hat:

Was denke ich, wenn ich auf Facebook gehe?

Was denke ich also? Dass ich noch einen Haufen überfällige Arbeit vor mir habe ... aber da ich nun schon mal im Netz bin, schau ich kurz vorbei. Ich lese die jüngsten Einträge meiner Freunde, den mir persönlich bekannten und den nicht bekannten.

Ich sehe die Einladungen zu den Veranstaltungen, Vorschlägen, und Fanklubs durch und sage bei fast allem Ja, denn auf lange Sicht gesehen kommt es aufs Gleiche raus, als würde man zu allem Nein sagen. Dann werde ich ein wenig kritischer und denke mir ein paar Parameter für das Ablehnen oder Akzeptieren aus. Ich schreibe einen Satz, der irgendwie meine unmittelbare Gegenwart beschreibt. Gibt es denn noch eine andere? Ich tue das in dem Bewusstsein, dass er den anderen gefallen soll und sie ihn bitte kommentieren mögen. Das ist, als wäre man ein „Expressblogger".

Jedenfalls versuche ich zu vermeiden, gewollt originell zu sein. Ja, es ist ein Vorurteil, und ich bin da auch nicht besser als andere, aber es gibt bestimmte Attitüden, die mich ärgern, die mich an die ausgefallenen Namen bestimmter Pubs erinnern, die vor einer Weile in Palermo (einem Stadtteil von Buenos Aires) wie Pilze aus dem Boden geschossen sind.

Was denke ich, wenn ich auf Facebook gehe?

Als ich feststelle, dass ich schon über 40 Minuten damit verbracht habe, denke ich, dass es eine Million interessanterer Möglichkeiten gibt, seine Zeit zu verplempern. Aber ich veröffentliche nie irgendwelche Sätze, in denen ich das sagen würde, denn auch diese Attitüde gefällt mir nicht. Schließlich habe ich mich freiwillig entschieden, meine Zeit auf Facebook zu verplempern.

Was denke ich also? Dass ich jemandem gestern eine Mail geschickt habe und er sie mir noch immer nicht beantwortet hat. Schon gut, es ist Wochenende; vielleicht ist er ja weggefahren und hat keinen Computer dabei. Aber es gibt doch Facebook. Deshalb gehe ich auf sein Profil und überzeuge mich selbst. Dieser verdammte Mistkerl hat die ganze Zeit irgendwelchen Blödsinn von der Art der oben erwähnten Pubs in Palermo geschrieben, aber keine Zeit, meine Mail zu beantworten.

Was denke ich also? Dass ich mich belüge. Ich bilde mir ein, ich würde Facebook als Werkzeug benutzen, um meine geschäftlichen und künstlerischen Aktivitäten zu verbreiten. Ich veröffentliche meine Veranstaltungen. Und ich habe noch einen Grund, um nur mal kurz draufzugehen auf diese Website: um nachzuschauen, wer an meinen Veranstaltungen teilnehmen will. Dazu muss man nur „Ich nehme teil" anklicken. Aber dieser Mausklick und dann tatsächlich zu erscheinen sind zwei Paar Stiefel. Sie haben wohl den prozentualen Anteil derer, die „Ich nehme teil" anklicken und dann tatsächlich erscheinen, gelöscht. Völlig blind sind die, die nicht sehen wollen.

Unterschätze nie die Macht der Verweigerung. Ich belüge mich, ich belüge mich, ich belüge mich. Ich weiß, dass ich selbst oft zu allem Ja und Amen sage. Sogar ohne nachzuschauen, was ich da absegne und wem ich da zustimme. So als wäre ich Gott und könnte jederzeit überall sein. Warum sollten die anderen nicht das Gleiche tun? Bisher hat nur 1 Prozent derjenigen, die „Ich nehme teil" angeklickt haben, wirklich teilgenommen.

Sinnlose Gedanken werden generiert, während man bei Facebook ausgeklügelte Strategien zur Manipulation des eigenen Ich ausarbeitet.

„Habe ich wirklich einen Körper wie Homer Simpson? Dann melde ich mich gleich unter seinem Namen an! Denn Coolness besitzt er ja, und er hat Erfolg bei Frauen – jedenfalls mehr als ich ... Oder bin ich eher die virtuelle Mischung aus Superman und Stephen Hawking – mit einem erbsengroßen Hirn gefangen in einem willenlosen Körper?"

Was denke ich also? Dass ich auf Facebook gehe, weil ich gelangweilt bin, und dass mein Leben keinen Sinn hat: In dieser Welt der Attitüden gestatte ich mir selbst keine. Ich schaue mir seine Pinnwand an und muss erneut feststellen, dass er keine Zeit hatte, meine Nachrichten zu beantworten. Ich mache weiter damit, Veranstaltungen anzukündigen, an denen andere teilnehmen, die ebenfalls bei Facebook sind, die aber nicht zu meinen Kontakten gehören. Außerdem wurde ich auf einer Nachricht markiert, in der ich nicht einmal erwähnt werde. Vielleicht ist das die schlimmste Grausamkeit in diesem Schaulaufen der Egos.

Teil II

Eine Autopsie von Facebook
Körper oder Leiche

Facebook ist unersättlich, will alles wissen, bietet uns eine Werbefläche zur Vermarktung unserer selbst. Es bringt uns dazu, zu allem eine Meinung abzugeben und zahlreiche Tests zu machen, Pinnwände zu bestücken – und das für die Ewigkeit. Das Portal der unbegrenzten Möglichkeiten.

Teil II

Eine Autopsie von Facebook
Körper oder Leiche

Erweitere deinen Horizont

Nein, mach dir keine Sorgen über den makabren Titel des zweiten Teils. Facebook ist nicht nur nicht tot, sondern, ganz im Gegenteil, so quicklebendig und putzmunter wie nie. Es strotzt geradezu vor Gesundheit, während es einen Drink mit Schirmchen nimmt (das ist nicht besonders männlich, aber dafür kann ich nichts), und unter einer Palme in einer Hängematte schaukelt.

Ja, na gut, mach dir ruhig Sorgen. Die sensationsheischende Überschrift ist jedenfalls ein alter Trick, um Aufmerksamkeit zu erregen. Mit dem Wort „Autopsie" ist also nicht mehr und nicht weniger gemeint als die genaue Analyse seiner zahlreichen Facetten. Facebook ist „eine Welt der Sensationen". Mehr noch der Applikationen.

 Selbst als App für Smartphones hat sich Facebook die Welt der kleinen Alleskönner untertan gemacht und sammelt von dort ebenso wie in seiner Browser-version eifrig Daten seiner User – und tut es der Konkurrenz auf diesem Gebiet damit gleich!

Vielleicht ist es, wie wir schon im ersten Teil vermutet haben, genau deshalb so schwierig zu bestimmen, was an Facebook so süchtig macht. Es bietet uns kein wirklich greifbares Vergnügen wie zum Beispiel zu chatten oder zu reden oder irgendein komplexes und grafisch interessantes Spiel zu spielen, obwohl in endloser Variation Spiele angeboten werden, bei denen Steinchen, Kügelchen oder Klötze der gleichen Farbe zusammengesetzt werden müssen. Auch wenn Facebook uns mit ein paar wirklich netten Spielen in Versuchung führt, findet man kaum einen überzeugenden Grund dafür, dass es ungefähr die gleiche Anzahl Nutzer von „Texas Hold'em Poker" auf Facebook gibt wie Spieler bei „Grand Theft Auto: San Andreas" (*Playstation 2*, das meistverkaufte Spiel in der Geschichte der Konsole, ohne die Raubkopien zu zählen).

Um unseren gemeinsamen Freund Facebook kennenzulernen, ist es am besten, ihn einer Art virtuellen Autopsie zu unterziehen, und zwar ohne bestimmte Ordnung, da auf die meisten Funktionen von verschiedenen Stellen aus zugegriffen werden kann.

Telepath, Psychopath ...
Worin liegt der Unterschied?

Wie wir bereits erwähnt haben, hat Facebook in weniger als einem Jahr zwei große Veränderungen erfahren. Anders gesagt, es gab zwei bemerkenswerte *Liftings*. Vielleicht aus Koketterie? Aus Eitelkeit? Wegen Altersbeschwerden? Damit die Leute sich nicht langweilen? Oder um das Neue doppelt auszuschlachten?

Jedenfalls kann man sich nicht darüber aufregen, weil die Veränderungen, die vorgenommen wurden, rein formal sind und hauptsächlich das Design betreffen. Bis auf ein Detail, das im Grunde naiv ist: die Veränderung der Frage der Statuszeile von „Was machst du gerade?" zu „Woran denkst du gerade?".

Wenn jemand kontinuierlich Status-Updates vornimmt, ist das dann nicht ein an extremen Stimmungsschwankungen leidender Psychopath oder irgendjemand, der den Wonder Twins ähnelt, die sich entweder in Flüssigkeit oder ein Tier verwandeln können, wenn sie sich berühren?

Als würde diese Veränderung irgendjemanden in seinem Verhalten beeinflussen. Als würde sich Facebook ausgerechnet durch diese Frage verändern. Als würden die Nutzer sich auf einmal anders verhalten, wenn in dem Fenster statt „Woran denkst du gerade?" stünde: „Welche Farbe hat das weiße Pferd von Sankt Martin?"

Doch: Auch wenn es die Leute im Grunde nicht interessiert und sie den Bereich genauso benutzen wie zuvor, ist die Frage konzeptuell gesehen vollkommen anders, und wenn es darum geht, Facebook besser zu verstehen, ist die Frage mitnichten bedeutungslos. Während die vorhergehende Frage eine gewisse Ähnlichkeit zum Beginn eines Gesprächs unter Freunden hatte, zielt die zweite direkt darauf ab, dass wir Facebook das wenige, das wir an Zwiesprache mit uns selbst führen, preisgeben. Das heißt also, unsere Gedanken. Und das ist nicht der einzige Unterschied.

Es muss darauf hingewiesen werden, dass Facebook immer unverschämter wird, da uns gleich nach der Startseite ohne Umschweife eine Frage entgegengeschleudert wird, die da nicht lautet „Hallo, na, alles klar?" oder „Wie geht's?", um das Eis zu brechen. Nein. Als wären wir schon 40 Jahre verheiratet, werden wir mit einem „Woran denkst du gerade?" begrüßt, während wir denken, dass die verdiente Antwort darauf wäre: „Früher hast du wenigstens so getan, als wärst du an dem interessiert, was ich tue."

Aber nein. Facebook ist zu ambitioniert und begnügt sich nicht mit einem Monitoring, um zu wissen, was wir tun; das tut *Twitter*, eine Plattform, der Facebook viel zu verdanken hat. Facebook will ganz genau wissen, was in unseren fiebrigen Köpfen passiert: „Woran denkst du gerade?" Aber warum müssen wir Facebook unsere Gedanken überhaupt erzählen? Mögen uns unsere Freunde vielleicht mehr, wenn wir ihnen fortwährend Informationen über unseren steten Gedankenfluss liefern?

Es könnte der Eindruck entstehen, dass wir uns bei Facebook für das Taktgefühl bedanken müssen, nicht noch dreister zu sein, uns das zu fragen, was es im Grunde eigentlich fragen will: „Woran ZUM TEUFEL denkst du gerade?" Oder: „Was für einen Schwachsinn denkst du gerade?"

Denn seien wir realistisch: „Woran denkst du gerade?" klingt gut in einem Fernsehspot, doch im wirklichen Leben klingt es nach einer jahrelangen Beziehung. Diese Frage könnte uns eine hartnäckige Freundin mit Piepsstimme oder ein lästiger und eifersüchtiger Freund, der unbedingt alles unter Kontrolle halten möchte, stellen.

In Wirklichkeit sind wir von diesen Beispielen gar nicht so weit entfernt, und in der Frage schwingt etwas davon mit, da wir uns eingestehen müssen, dass wir in irgendeiner Form mit Facebook „verheiratet" sind, und manchmal sogar mehr als das. Denn es kennt gewisse intime Dinge von uns, und wie wir später sehen werden, ist es nicht so einfach, sich wieder scheiden zu lassen, wenn die Beziehung nicht so läuft, wie wir es uns gewünscht hatten.

Zuckerberg ist jedenfalls kein Dummkopf, und er versteht etwas von Freundschaft. Oder er erweckt zumindest den Anschein. Das ist weder ironisch noch sarkastisch gemeint, weil sich der Erfinder von Facebook völlig im Klaren darüber ist, die Idee geklaut zu haben. Wichtig ist, dass die andere Idee, die er sich ausgeliehen hat, das Konzept von *Twitter* ist: Beinahe in Echtzeit von dem zu berichten, was man gerade tut ... oder etwas noch Ehrgeizigeres.

Was machst du gerade? – Na, was wohl – das Buch lesen!

Wie schon gesagt, lautete eine der ersten Fragen, die Facebook in der Vorgängerversion stellte, wie die eines Freundes, den man zufällig auf der Straße trifft, und zwar:

1) „Hallo, wie geht's?"
2) „Was treibst du so?"

Auch wenn es ein wenig trivial erscheinen mag, kann diese Banalität doch als Analogie zwischen Wirklichkeit und Virtualität angesehen werden, zumindest, was Freundschaft betrifft. Nicht nötig zu erwähnen, dass im Falle von Facebook die erste Frage völlig sinnlos ist, da die Antwort keinerlei Funktion erfüllt – zumindest bisher, vielleicht wird es in der Zukunft ein Stimmungsbarometer geben, damit alle wissen, wie durchgedreht wir sind.

Die zweite Frage rührt nicht daher, dass Facebook wirklich wissen will, was wir gerade machen oder was wir antworten werden. Wir selbst wollen es dem Rest der Welt aufs Auge drücken. Dieses „Was machst du gerade?" ist also völlig uninteressant. Anders die Frage „Was denkst du gerade?". Sie weist einen alarmierenden Grad an mangelnder Selbstachtung auf, da niemand mit gesundem Menschenverstand *wirklich schreibt, was er gerade denkt*, sondern einfach der Konvention dessen folgt, was durch den Vorgänger „Was machst du gerade?" etabliert wurde.

Interessant wird es, wenn wir uns überlegen, wie die Frage „Was machst du gerade?" im wirklichen Leben verstanden und beantwortet wird und wie im virtuellen Raum: nämlich ganz unterschiedlich. Wie kommt's? Ganz einfach: Im Falle eines Freundes aus Fleisch und Blut sind diese Fragen reine Konvention, eine Formel, mit der nicht wirklich Informationen über Aktivitäten innerhalb eines begrenzten Zeitraums vor der Begegnung abgefragt werden, sondern sie dienen dazu, einen Dialog zu eröffnen. Deshalb steht die Antwort im Allgemeinen nicht in direktem Bezug zur Frage, die da meistens lautet: „Gut, es läuft soweit alles …"

> Freundschaft bezeichnet eine positive Beziehung und ein positives Empfinden zwischen zwei Menschen, die sich durch Sympathie und Vertrauen zeigt.

Wenn wir natürlich als Antwort „Gut, es läuft soweit alles …" auf „Was machst du gerade?" bei Facebook schreiben würden, würden wir ernsthaft Gefahr laufen, unsere Freunde zu verlieren, weil sie uns für blöd oder, wenn wir Glück hätten, für verrückt halten würden. Oder sie würden uns, was noch wahrscheinlicher ist, einfach nicht verstehen und uns dezent ignorieren, bis wir völlig isoliert wären. Etwas Ähnliches geschieht mit dem „Woran denkst du gerade?", das im wirklichen Leben meistens mit „Nichts" beantwortet wird.

Na gut ... Was schreibt man also in das Feld, um die Aufmerksamkeit unserer „Freunde" zu erregen? Was wir wirklich denken? Wenn dem so wäre, wie oft müsste man das aktualisieren? Verwerfen wir erst einmal die unfreundlichen Antworten, vor allem, wenn es sich um ein soziales Netzwerk handelt, das dazu dient, sich mit Freunden in Verbindung zu setzen. Wir schreiben also nicht: „Was geht dich das an?!" Das wäre vielleicht keine Lüge, aber weder freundlich noch hilfreich, und auch demjenigen, der etwas über unsere aktuelle Situation erfahren will, bringt eine solche Antwort nicht viel.

Wie bereits erwähnt, erfährt das „Was machst du gerade?", auch wenn es nicht ganz wörtlich genommen wird, eine Umdeutung bei Facebook, weil, genau wie im Gespräch mit realen Freunden, nur selten erzählt wird, was die Person gerade tut. Das Gleiche, was jetzt mit „Woran denkst du gerade?" geschieht, das den Nutzer ebenfalls nicht davon überzeugen kann, das zu erzählen, was er denkt ... es sei denn, er denkt nur einen einzigen Satz alle zwei Tage.

Um das zu veranschaulichen, transkribiere ich im Folgenden ein paar Beispiele zu „Woran denkst du gerade?", wie sie dort draußen die Runde machen:

Mark: „Jede Frau, die ‚deine Freundin' genannt wird, wird irgendwann in ihrem Leben AUF JEDEN FALL einen ‚Pablo' oder einen ‚Martin' vernaschen. AUF JEDEN FALL."
Peter: „Der Gillette-Effekt hat überlebt!"
Paul: „Wechselt gerade das Profilfoto für seine Tante."
Luis: „WILLST DU EINE LUFTGETROCKNETE PAPRIKAWURST NACH POMAROLA-ART MIT PÜREE?"
Gabriele: „Ist mit dem Hund im Park ..."
Luis: „Das Gleiche ist nicht dasselbe."
Valerie: „Komponiere, korrigiere, zeig es."
Martina: „Ich denke nicht daran, irgendeinen Kettenbrief weiterzuschicken, nicht über Glück, nicht über Religion, über gar nichts."
Bettina: „Schlag mich und sag mir die vollständigen Namen dreier amerikanischer Präsidenten."
Johannes: „Er träumt davon, im Lotto zu gewinnen und den Rest seines Lebens zu faulenzen."
Tobias: „Sucht mutige Leute, die mit ihm eine Wohngemeinschaft bilden wollen."
Fabian: „Sasap sap sap sap sap sap Sabadadap sap sap sap sap sap Sabadabadap."

Was machst du gerade? – Na, was wohl – das Buch lesen!

Wie wir feststellen können, ist fast keines der Beispiele eine Antwort auf die gestellte Frage. Stellen Sie sich folgende Situation vor: Johannes geht die Straße entlang und trifft zufällig Luis. Beide bleiben stehen und führen den folgenden Dialog:

Johannes: „Hallo, Luis! Wie geht's?"
Luis: „Gut, und dir?"
Johannes: „Mir geht's beschissen … nichts funktioniert … ich geb mir bald die Kugel, wenn es nicht besser wird …"
Luis: „Moment! Woran denkst du?"

Woraufhin laut Facebook Luis mit einem der folgenden Sätze antworten würde:

a) Das Gleiche ist nicht dasselbe.

b) Komponiere, korrigiere, zeig es.

c) Wechsele gerade das Profilfoto von meiner Tante.

d) WILLST DU EINE LUFTGETROCKNETE PAPRIKAWURST NACH POMAROLA-ART MIT PUREE?

e) Bin gerade mit dem Hund im Park …

f) Sag mir die vollständigen Namen dreier amerikanischer Präsidenten.

Oder stell dir folgende Situation vor: Ein junger Mann sagt zu seiner Angebeteten beim ersten Date: „Lass uns besser ein Bier anstatt zwei bestellen, dann haben wir noch Geld übrig für einen Kinobesuch und ein bisschen Spielzeug – wenn du weißt, was ich meine …"

Worauf das Mädchen antwortet: „Woran denkst du gerade?"

Laut Facebook könnte der Junge antworten:

g) Der Gillette-Effekt hat überlebt!

h) Ich träume davon, im Lotto zu gewinnen und den Rest meines Lebens zu faulenzen.

i) Jede Frau, die „deine Freundin" genannt wird, wird irgendwann in ihrem Leben AUF JEDEN FALL einen „Paul" oder einen „Martin" vernaschen. AUF JEDEN FALL.

j) Ich denke nicht daran, irgendeinen Kettenbrief weiterzuschicken, nicht über Glück, nicht über Religion, über gar nichts.

k) Sasap sap sap sap sap sap Sabadadap sap sap sap sap sap Sabadabadap.

Das kann Folgendes bedeuten: Ein Großteil der Facebook-Nutzer hat Verständnisschwierigkeiten. Was er denkt, ist es nicht wert, erzählt zu werden. Dieser Bereich hat rasch an Bedeutung verloren und wird nur noch dazu benutzt, irgendeinen lustigen oder ungewöhnlichen Satz zu schreiben, der den Leser zum Nachdenken anregen soll, was sich hin und wieder in Kommentaren zu einer Äußerung niederschlägt und eine Art Minidebatte auslöst.

Jedenfalls entsteht der Eindruck, dass es egal ist, ob Facebook uns „Was machst du gerade?" oder „Woran denkst du gerade?" fragt. Wir antworten sowieso, wozu wir Lust haben.

Was machst du gerade? – Versuchen, *Twitter* zu verstehen ...

Ja. So wie viele von uns nicht gleich den Sinn von bestimmten Angeboten auf Facebook verstehen, begreifen auch viele *Twitter* nicht, das für uns, die Höhlenmenschen 2.0, nichts anderes als Facebook in reduzierter Form ist. Das heißt, ein vereinfachtes soziales Netzwerk, das in diesem Fall einen Schrumpfungsprozess durchlaufen hat.

> Während Facebook ein „vollwertiges" Netzwerk darstellt, ist *Twitter* lediglich ein Mikroblogging-Dienst, der erst durch Angebote externer Anbieter neue Funktionen erhält.

Twitter fordert seine Nutzer mit der Frage „What are you doing?" dazu auf, etwas über ihre Beschäftigung zu sagen. Die gleiche Frage also, wie sie früher bei Facebook stand.

Bestimmt werden viele nicht einverstanden sein und sich über mein Unverständnis und meine Intoleranz sogar aufregen, ein paar werden mich sogar als Technikignoranten bezeichnen: Alle, die ich über *Twitter* habe reden hören, waren voll des Lobes für diesen Ort des Mikrobloggings, wo man mit 140 Zeichen sagen kann, was man gerade tut, und das von überall her. Das ist nicht gerade das, was man als „Ort, an dem man sich hemmungslos ausbreiten kann", bezeichnen würde.

> Zwar kann *Twitter* in seinem Funktionsumfang nicht mit Facebook konkurrieren, seine „elitärere" Gefolgschaft der Nutzer macht es jedoch zu „dem" angesagten, smarten Netzwerk, sodass es dennoch ernst zu nehmende Konkurrenz darstellt.

Viele würden wahrscheinlich antworten, dass es ja nicht darum geht, sein Leben in diesem Fenster zu erzählen. Und auch nicht darum, ein Manifest zu verkünden oder philosophisch zu werden. Trotzdem scheint *Twitter* das angesagteste soziale Netzwerk zu sein, zumindest in einem Kreis von Leuten, die sich leidenschaftlich gern mit Technik beschäftigen und sich vom „Pöbel" bei Facebook deutlich abgrenzen wollen – obwohl sie durch *Twitter* Aktualisierungen von Facebook erhalten können und umgekehrt. Anders gesagt, Facebook ist für die Dummköpfe und *Twitter* für eine Elite mit einem Leben, das minütlich Überraschungen bereithält ... und mit einem *BlackBerry* in der Tasche.

Die Plattform versucht auf ihrer eigenen Seite mit drei Fragen die Gründe zu ermitteln, weshalb man *Twitter* benutzen sollte beziehungsweise liefert diese Gründe gleich mit: Sich auf dem Laufenden halten, andere auf dem Laufenden halten, Tweets erhalten. *Twitter* preist sich gleich auf der ersten Seite als ergiebige Quelle von Informationen an.

Twitter überlässt dir die Kontrolle und verwandelt sich somit in ein modernes Gegenmittel für Informationsüberfluss.

Mit anderen Worten: *Twitter* bietet dir das beste Tool, um dich vor einer Übersättigung an Tools wie ... *Twitter* zu schützen.

Andere Anbieter sozialer Netzwerke auf dem deutschsprachigen Markt sind beispielsweise StudiVZ, Lokalisten und Xing. Wobei alle einen etwas anderen Ansatz bzw. andere Zielgruppen haben.

Es mag paradox klingen, aber vielleicht ist es das gar nicht: Wenn wir darüber nachdenken, kommen wir nämlich zu folgendem logischen Schluss: Wie soll jemand etwas wieder loswerden, das ihn nervt, wenn er es noch gar nicht hat?

Es ist wie dieser Witz, in dem jemand im Urwald einen anderen trifft, der einen schweren Amboss mit sich herumschleppt, und als er diesen fragt, warum er das tue, zur Antwort bekommt: „Das ist für den Fall, dass ich einem hungrigen Löwen begegne: Ich lass den Amboss fallen, dann kann ich schneller rennen."

Als wäre das nicht genug, um die Ernsthaftigkeit infrage zu stellen, folgen hier ein paar überzeugende Statements, die man bei *Twitter* findet. Zum Beispiel das von Jeff Barr, Angestellter bei Amazon.com, der ohne Angst auf volles Risiko geht und verkündet: „*Twitter* gefällt mir wirklich."

Nachdem man das gelesen hat, kommt man auf jeden Fall zu dem Schluss, dass Jeff ein wichtiger und bewundernswerter Typ ist, der keine Sekunde zögert, wenn es darum geht, seine revolutionären Ideale zum Ausdruck zu bringen.

Doch das ist nicht die einzige positive Meinung über *Twitter*. Und natürlich werden hier nur lobende, enthusiastische und werbewirksame Worte zu lesen sein! So auch ein Statement von Nicholas Carr, Technologieentwickler, der sagt: „*Twitter* ist der Telegraf von Web 2.0." Das klingt ein wenig wie von gestern und man muss sich fragen, welchen Nutzen wir von einem Telegrafen heutzutage haben könnten. Egal, wie modern und digital die Version ist, welchen Nutzen sollten wir von einem Telegrafen im Web 2.0 haben? Sollten wir dankbar sein? Bestimmt, wenn ein Technologieexperte das sagt.

Anscheinend gibt es noch andere Leute, die wie er denken, zum Beispiel ein gewisser Jason Kottke, der auf seinem Einbürgerungsantrag als Beruf „Blogger" angibt und über *Twitter* sagt: „*Twitter* ist seit Jahren die erste Sache im Netz, die mich begeistert."

Wir glauben, dass das erklärt, weshalb es so viele Leute gibt, die den Anschein erwecken, als wären sie abhängig von dem, was sie in das Feld „Was machst du gerade?" schreiben. Leute, die fortwährend reflektieren, woran sie gerade denken, an etwas, das ihnen passiert ist, an irgendeinen Satz, der überhaupt keine Antwort auf diese Frage ist. Und wie wichtig es manchen ist, die anderen auf dem Laufenden zu halten, denn wenn man den Satz nicht ständig aktualisiert, den man mit so viel Hingabe und Mühe geschrieben hat, verschwindet er unter einem Wust von Tests und Videos, die einen meistens sowieso nicht sonderlich interessieren, nicht weil sie bedeutungslos wären (was sie jedoch sind), sondern weil einem nichts so wichtig ist wie das, was von einem selbst stammt. Wenn man also nicht regelmäßig schreibt, steht man nicht mehr im Mittelpunkt des öffentlichen Interesses. Und diese Aufmerksamkeit, die man auf einer solchen Internetplattform auf sich ziehen kann, ist für viele der Hauptgrund, bei Facebook, *Twitter* oder wo auch immer zu sein.

Man kann sich kaum vorstellen, welche Art von Leben man führen muss, damit die anderen eine große Befriedigung daraus ziehen, minütlich zu erfahren, was wir gerade machen. Wenn du mich fragst: Bis auf die Tweets von Hugh Hefner (der Boss des Playboy-Imperiums) oder von Mick Jagger gibt es wenig Unterhaltsames im *Twitter*-Universum. Wirklich Bedeutsames gibt es auch eher selten. Deshalb habe ich den Eindruck, dass, wenn Facebook noch immer keinen vernünftigen Grund für unsere bedingungslose Unterstützung liefert, *Twitter* noch weiter davon entfernt ist.

Profilfotos
(Weil du dich nicht traust, den Dingen ins Auge zu schauen)

Irgendjemand hat einmal gesagt, dass ein Bild mehr sagt als tausend Worte. Auch wenn es sich dabei um ein abgedroschenes Klischee handelt, hoffen wir, dass es metaphorisch gemeint war. Wörtlich genommen ist es nämlich Blödsinn, weil wir wissen, dass ein paar

Die Profilfotos in Facebook sind oft bearbeitet und beschränken sich auf folgende Größen:
· 200 x 600 Pixel: Profilbild auf der Profilseite
· 50 x 50 Pixel: In den Statusnachrichten
· 35 x 35 Pixel: Bei den Kommentaren
Lassen sich mehr als tausend Worte auf diesen Thumbnail-Größen vielsagend unterbringen? Eher nicht.

treffend formulierte Worte mehr sagen als sämtliche Bilder. Sonst bestünden ja sämtliche Bücher nur aus Illustrationen und *Krieg und Frieden* von Leo Tolstoi wäre ein Heftchen von wenigen Seiten, das vollkommen untergegangen wäre.

Wenn der Verfasser des Satzes allerdings die Bedeutung und Übermacht des Bildes in einer oberflächlichen und konsumorientierten Gesellschaft veranschaulichen wollte, die uns einer gnadenlosen Tyrannei der Äußerlichkeiten auf Kosten spiritueller Werte unterwirft, sollten wir uns ins Gedächtnis rufen, dass für viele Menschen „das Image alles ist".

Wenn man berücksichtigt, dass das Einzige, was wir von einem Freund bei Facebook sehen, bevor wir seine Freundschaftsanfrage bestätigen oder ignorieren, sein Bild ist (und dass wir nie tausend Worte lesen würden, um herauszufinden, ob das Mädchen oder der Typ in Ordnung ist), könnte man sagen, dass dieses abgedroschene Klischee in diesem Fall zutrifft.

Also: Wir wissen jetzt, dass dieses Bild mehr sagt als tausend Worte, aber wir kennen diese tausend Worte auch nicht. Ist das denn wichtig? Vielleicht nicht, aber was Facebook betrifft, lohnt es sich vielleicht, da diese tausend Worte dem „Code der Matrix" entsprechen oder dem *Backstage* der betreffenden Person. Sie entsprechen dem *Making-of* einer Person, eine Inszenierung, die wir alle freiwillig oder unfreiwillig betreiben, wenn wir unser Profil erstellen. Das führt dazu, dass wir ein paar Angaben „vergessen", nur bestimmte Aspekte unseres Lebens schildern und das Foto mit allergrößter Sorgfalt auswählen, damit es mehr als tausend Worte sagt.

Das hat zur Folge, dass wir in unsere Show bestimmt ein paar harmlose Lügen einbauen, natürlich ohne böse Absicht oder Hintergedanken. Im Grunde muss man nicht die Hintergedanken fürchten, sondern die eigentlichen, vordergründigen, ausgesprochenen Gedanken. Es gibt nichts, was nicht jeder Politiker, der uns regiert, überhaupt nicht zufällig tut. Wenn irgendein FM-Radio ein Ranking der dümmsten und durchschaubarsten Lügen machen würde, die verbreitet werden, würde sich das ungefähr so anhören: „Schauen wir uns mal die ersten fünf Plätze an ... ‚Ich bin durcheinander, ich möchte, dass wir uns eine Auszeit nehmen' hat sich gegen ‚die Bestellung kommt gleich, sie ist schon unterwegs' durchgesetzt, und einen direkten Sprung auf Platz zwei macht diese Woche ‚Das Foto im Profil bei Facebook'."

Gibt es etwas Verlogeneres als dieses Foto? Die Wahrscheinlichkeit, dass das Foto weniger als zehn Jahre alt ist, ist geringer als die Möglichkeit, dass sich Angelina Jolie von Brad Pitt trennt – oder umgekehrt –, um mit uns zusammenzuleben. Wenn wir dann noch berücksichtigen, dass ein Großteil der Facebook-Nutzer in den Dreißigern ist, kommen wir zu dem Schluss, dass, wenn uns das Foto eines Mädchens gefällt, es sich in Wirklichkeit um „Das war ich, bevor ich vier Kinder bekommen und mich getrennt habe und vom Leben gezeichnet bin" handelt. Deshalb sind wir dankbar, dass ein Bild mehr sagt als tausend Worte, denn wenn das die 15 ersten sind, was sollen wir dann von den fehlenden 985 erwarten?

Aber wir wollen ja niemanden öffentlich vorführen, denn nirgendwo steht geschrieben, dass es verboten ist, das aktuelle Äußere zu manipulieren. Wenn die Verbraucherschutzzentrale solche Reklamationen annehmen würde, würden diese sicher den Spitzenplatz im Ranking den Handyanbietern abjagen.

Das Profilbild auf Facebook ähnelt irgendwie einer Werbeanzeige: Es will uns etwas verkaufen, und selbst wenn es nicht lügt, sagt es auch nicht die ganze Wahrheit. Eine Falle, in die wir, auch wenn wir uns der falschen Mittel bewusst sind, immer und immer wieder tappen, denn jedes Mal, wenn wir zu McDonald's gehen, bestellen wir einen Hamburger und erwarten naiverweise auch noch, dass er zu mindestens 30 Prozent so aussieht wie der auf dem Foto.

> Das Profilbild wird von den meisten Nutzern als Eyecatcher verstanden. Es soll möglichst viele – im Optimalfall auch neue – Mitglieder rekrutieren bzw. ansprechen.
> Einige Zeitschriften verwenden die Fenster als Werbefläche und präsentieren das jeweils aktuelle Cover als Profilbild.

Einen genauen Prozentsatz über die Echtheit bzw. über die Aktualität der Fotos gibt es nicht. Nach Schätzungen haben Fakebilder aber einen hohen Anteil.

Auch wenn es ein wenig betrügerisch ist, in unserem Facebook-Profil ein Foto zu haben, das uns schmeichelt, gehört es doch zu den Regeln. Schade nur, dass wir es nicht auch in unserem Personalausweis haben dürfen.

 **Ich präsentiere:
Mein neues ... Fotoalbum!**

Im Folgenden möchte ich euch ein Gedankenspiel vorschlagen: Wir versetzen uns in die Zukunft – zehn oder zwanzig Jahre später – und machen uns bereit, einen Blick auf die Fotos der damals gerade stattgefundenen Taufe/Hochzeit/Reise mit irgendjemandem zu werfen. Wenn wir uns das vorzustellen versuchen, sehen wir bestimmt zwei oder mehr Personen in einem Wohnzimmer oder Esszimmer, wo auf einem Sessel oder Tisch ein paar Alben ausgebreitet liegen. Schade, dass diese Vorstellung der Vergangenheit angehört! Denn wenn es heute schon eine Seltenheit ist, Abzüge von Fotos anzuschauen, wird das in ein paar Jahren nicht einmal mehr eine Erinnerung sein, festgehalten in einem traurigen Kettenbrief vom Typ: „Wenn du um die Jahrtausendwende großgeworden bist, wirst du dich noch daran erinnern ..."

Wenn es auch wegen der großen Papierersparnis und des damit einhergehenden Waldbestandschutzes ein Grund zur Freude für Umweltschützer sein mag, zieht die rein digitale Fotografie doch ein paar unerfreuliche Dinge nach sich. Zum Beispiel gibt es weniger (wahrscheinlich unerwünschte) Anlässe, um sich zu treffen, da dank Facebook jeder für sich allein die Fotoalben betrachtet. Die Technologie bringt tendenziell soziale Isolierung mit sich und weniger die prognostizierte Vernetzung, deren Vorteile die Nachteile nicht aufwiegen kann.

Facebook in Zahlen:
- ca. 5 Milliarden geteilte Inhalte (Fotos, Links etc.)
- 160 Terabytes (ungefähr 160.000 Gigabytes, was ungefähr 34.000 DVDs enspricht) bisher verbrauchter Speicherplatz
- Über 3 Milliarden Fotos, die monatlich hinzukommen, was 60 Terabyte verbraucht
- Über 3 Milliarden Klicks auf Fotos täglich
- Über 100.000 Klicks auf Fotos pro Sekunde während der Hochzeiten

Das heißt nicht, dass jeder technische Fortschritt einen Rückschritt in den zwischenmenschlichen Beziehungen bedeutet, sondern eine Evolution, die insgesamt gesehen nicht in jedem Sinne vorwärtsgeht. Es ist richtig, dass durch die digitale Fotografie die hypothetische Notwendigkeit entfällt, im Jahr 2030 über alten Fotoalben zu sitzen. Dafür wird es seltener vorkommen, dass penetrante Eltern uns am Arbeitsplatz mit Fotos ihrer Kinder nerven.

Facebook drückt sich vor keiner noch so großen Herausforderung und nimmt sich aufs Neue vor, die Kategorie neu zu definieren. Wie es dabei vorgeht? Indem es eine großzügige Prise von etwas hinzufügt, das es perfekt zu beherrschen scheint: den Voyeurismus.

Im Gegensatz zu dem, was mit den Profilbildern passiert, wo der Betreffende dasjenige auswählt, das ihm am meisten schmeichelt und auch andere beeindruckt – gibt es in den Fotoalben von Facebook kein Auswahlverfahren. Hier herrscht Realismus pur. Anders bzw. positiv ausgedrückt: Man nutzt sozusagen den Vorteil, der harten Wirklichkeit ein wenig vorzugreifen, „falls wir uns eines Tages tatsächlich begegnen/kennenlernen sollten"; und man hat die Ausrede, dass „auf Fotos eh niemand gut aussieht". Das wird auch deutlich anhand der Zahl der verzweifelten Bitten im Stile von „Lösch mich!".

Wenn wir sagen *Voyeurismus*, reden wir nicht von einer sexuellen Abart, die nach französischem Kino klingt, sondern von dieser kleinen Dosis krankhafter Neugier, die in uns allen steckt und die wunderbar zu der übertriebenen Selbstdarstellung passt, zu der Facebook uns treibt, kombiniert mit der Unruhe und Neugier, wie es der Person wohl ergangen sein mag, die wir schon eine ganze Weile nicht mehr gesehen haben.

Ich präsentiere: Mein neues ... Fotoalbum!

Vielleicht interessiert auch, ob die betreffende Person ein Schulfreund aus der ersten Klasse ist. Hier wird man nicht immer schreiben, was man denkt, um Konflikte zu vermeiden. Vergeltungsmaßnahmen in der Art von „Was für eine Nervensäge", sind hier Fehl am Platz. Das Gleiche gilt, wenn es sich bei der Person um einen Ex-Partner handelt. In diesem Fall ist ätzende Kritik mit einer Dosis Selbstbestätigung und Stärkung des Egos denkbar, indem wir bemerken: „Schau dir den Blödmann an, mit dem sie jetzt zusammen ist."

Wenn es auch eher unwahrscheinlich ist, dass zwei Personen, die früher einmal zusammen waren, jeweils ein Foto des anderen in ihrem Facebook-Album haben, kann es doch sein, dass „ein Freund eines Freundes" auf diesem Foto markiert ist, was uns ein wenig Spaß bereitet und unsere Selbstachtung stärkt. All das ohne Risiken oder irgendeinen Widerspruch, da wir sie auf unseren Computer herunterladen und ohne *Markierungen* wieder einstellen können, um sie mit einer gehörigen Portion Ironie und Sarkasmus in unserem eigenen Album zu kommentieren.

> Spätestens jetzt hat man keinen Einfluss mehr auf jemals hochgeladene Bilder. Sie entwickeln ein nicht kontrollierbares Eigenleben.

Kritik an Fotos von jemandem, der uns eine Weile die Zeit vertrieben hat, ist so einfach, wie gemeinsam den Klassendummkopf zu verhauen ... während er schläft.

**Ich werde Mitglied ...
allem Wenn und Aber zum Trotz**

Eins der wirklich nützlichen Dinge, die ein soziales Netzwerk einer bestimmten Gesellschaft bieten kann – wie es auch auf der Startseite von Facebook steht –, ist, mit anderen Menschen in Verbindung zu treten. Wenn das auch sofort erkennbar ist, stimmt das in Wirklichkeit doch nicht ganz, da bei Facebook, wie wir bereits angedeutet haben (ach, von wegen, wie wir klar und deutlich gesagt haben), eine gewisse Heuchelei vorherrscht. Die tritt zutage, wenn jemand eine Person, die er nur von ihrem Foto kennt, als „Freund" bezeichnet.

Allerdings ist Facebook nicht schuld an all den Übeln, unter denen eine Gesellschaft leidet, aber es ist ein Ausdruck für deren Werte und Konventionen. Die ausdrücklichen und die stillschweigenden. Die konkreten und die möglichen. Facebook – auch wenn niemand mit gesundem Menschenverstand das gerne zugeben würde – spricht eine niederträchtige und verlogene Seite in uns an und schärft das Bewusstsein für die Möglichkeiten, die der Schutz der Anonymität und der Virtualität bieten, was für ein soziales Netzwerk reichlich paradox ist.

Die Chance, die Facebook uns gibt, ein oberflächliches oder deutlich anderes Leben als das reale zu leben, bietet einen gewissen Schutz und erweist sich als perfektes Alibi, um einigermaßen ungestraft agieren zu können, ohne über die Folgen unseres Handelns allzu sehr nachdenken zu müssen. Wie bereits gesagt, geht es bei Facebook nicht nur um den Austausch mit anderen Mitgliedern eines bestimmten Universums, sondern es bietet auch die Möglichkeit, „bei null anzufangen",

> Im Falle von Facebook verschwindet die Grenze zwischen Realität und Wunschvorstellung zunehmend. Anscheinend ist das Gefühl zu verlockend, von anderen aufgrund konstruierter oder zumindest aufgrund von geschönten Informationen anerkannt zu werden. Das Risiko, entlarvt zu werden, ist gering.

indem man bestimmte Informationen gezielt dosiert und verwaltet.

So können wir ein Bild von uns schaffen, das mit dem wirklichen nicht übereinstimmt. Das heißt, wir können jeden belügen, der bereit ist, das zu glauben, was wir ihn gerne glauben machen möchten. Und sei es auch nur ein bisschen.

Auf keinen Fall wollen wir damit zu verstehen geben, dass Facebook eine Ansammlung von Verbrechern, Lügnern, Bösewichten und Perversen ist. Wenn wir Fotos oder auch andere Informationen über uns manipulieren, sehen wir das lediglich als „Kavaliersdelikte" und wollen nicht bestraft oder auch nur missbilligend angesehen werden.

Uns interessieren folgende 2 Fragen:

a) Was würdest du tun, wenn du nur noch einen Tag zu leben hättest?

b) Was würdest du tun, wenn der Weltuntergang bevorstünde?

Der – subtile – Unterschied zwischen beiden liegt in einer klaren Unterscheidung zwischen Billigung und Verurteilung unserer Handlungen durch die Gesellschaft. Wenn jemand sicher wüsste, dass heute der letzte Tag seines Lebens wäre, wird ihm die Justiz egal sein, auch wenn er an diesem Tag eine Gewalttat, einen Raubüberfall oder Mord begehen würde. Die Begründung, es sei sein letzter Tag, würde allerdings niemanden als Entschuldigung überzeugen.

Wäre es die ganze Zivilisation, deren Minuten gezählt wären, gäbe es nicht nur kein Gesetz mehr, sondern es wäre kaum mehr festzustellen, welcher der Abermillionen Bewohner des Planeten zuerst verurteilt werden müsste. Doch wen würde das überhaupt noch interessieren, wenn wir sowieso geliefert wären?

Etwas Ähnliches passiert in unserem nie richtig geprüften Netz: Es gibt nur wenige, die wirklich sagen, wer sie sind, weshalb das Gesetz, das in dieser virtuellen Welt regiert, genau den Regeln und der Interpretierbarkeit entspricht, die seine Bewohner befolgen. Wenn wir hinzufügen, dass es weder Autoritäten noch feste Gesetze gibt, merken wir, dass wir es nicht mit

Anarchie zu tun haben, sondern mit einer uniformen Masse, deren Mitglieder es gerade mal schaffen, sich als Fans von Ashton Kutcher oder *Star Trek* zu bekennen.

Ein paar Zeilen weiter oben haben wir festgestellt, dass Facebook ein virtuelles Universum oder Territorium ist, das keine festen Gesetze kennt. Den Leitfaden für die Privatsphäre akzeptieren wir, ohne ihn zu lesen, wenn wir unser Profil erstellen. Wenn wir sagen, dass es in der virtuellen Facebook-Welt keine Gesetze gibt, heißt das jedoch nicht, dass es nicht irgendwelche Regeln gibt, die die „Bewohner" dieser Welt aufgestellt haben.

Doch es sind unausgesprochene Regeln, deren Einhaltung vom guten (oder bösen) Willen jedes Einzelnen abhängen. Wer sie nicht einhält, geht kein größeres Risiko ein. Es gibt keine Strafen und keine Ächtung derjenigen, die gegen die Regeln verstoßen, und es wird auch niemand dafür prämiert, der bereit ist, mit gutem Beispiel voranzugehen.

Es ist ein Unterschied, ob wir uns in der virtuellen Welt bewegen, in der absolut nichts passiert, wenn jemand etwas verspricht und es anschließend nicht einhält, oder in der Realität, in der wir naiv darauf warten, dass unsere virtuellen Freunde ihre echten Versprechen einhalten. Wann wir auf diesen Unterschied stoßen? Viel häufiger jedenfalls, als man annehmen möchte.

Die Geschichte zum Beispiel, die Cumbio (Agustina Vivero, Floggerin aus Argentinien, die durch Fotos im Internet in ganz Lateinamerika bekannt wurde) kürzlich passiert ist, hat gewisse Berühmtheit erlangt, unter anderem deswegen, weil sie die Idee hatte, ihre *virtuelle* Community zu einem Floggertreffen an einem *realen* Ort aufzurufen. Es heißt auch, dass dieser Aufruf erfolgreich war und auf so zahlreiches Interesse stieß, dass die Bekanntheit seiner Initiatorin in kurzer Zeit weit über den üblichen Rahmen hinausging. Nicht dass Cumbio ein besonderes Talent oder ein besonderes Charisma haben würde; es handelt sich einfach um eine junge Frau aus der Mittelschicht, die sich einen heimlichen Wunsch erfüllt hat. Angesichts der Tatsache, dass es sich um ein Treffen von Leuten handelt, die sich nur über eine Website kennen, deren beinahe einziges Ziel es ist, Fotos im Web zu veröffentlichen und diese zu kommentieren, scheint ein solches Treffen in der Realität völlig überflüssig. Weil die Flogger aber – im Gegensatz zu Facebook-Usern – untereinander wirklich vernetzt sind, lässt sich ein solches reales Treffen tatsächlich arrangieren.

Flogger
Der Name leitet sich vom Fotoblog-Dienst Fotolog ab, der als Plattform zur Kommunikation der Szene dient.
Flogger sind die Mitglieder einer Bewegung, die vor allem in Argentinien Hunderttausende jugendliche Anhänger hat und inzwischen die Soziologen beschäftigt; Jugendliche, die Fotoblogs unterhalten und gegenseitig ihre eher unspektakulären Bilder kommentieren.

Was wäre passiert, wenn Cumbio anstelle eines Fotolog einen Account bei Facebook eröffnet und die Idee zu einem Treffen dort veröffentlicht hätte? Vielleicht wäre der Aufruf ignoriert worden. So jedenfalls hat sie es geschafft, schließlich 2.000 Jugendliche an einem realen Ort – einem Einkaufszentrum – zu versammeln. Sich gestört fühlende Ladenbesitzer riefen die Polizei und Tumult und TV-Rummel waren die Folge – und Agustina Vivero war nun berühmt. Ohne die einzelnen Vorgänge miteinander vergleichen zu wollen: Wenn 1945 die Kongressmitglieder von Tucumán die Bevölkerung zu einer Versammlung auf der Plaza de Mayo über Facebook aufgerufen hätten, hätte Argentinien bestimmt nicht seine Unabhängigkeit erklärt, der 17. Oktober hätte für die Arbeiter keinerlei Bedeutung. Vermutlich wäre keiner gekommen.

Abgesehen von den historischen Ereignissen, die vielleicht nicht stattgefunden hätten, wenn Facebook bereits existiert hätte, ist allen, die mit dem Netz vertraut sind, das Konzept des „Teilnehmens" nicht unbekannt. Selbst wenn jemand nie das Wort „Teilnahme" gehört hätte – wegen der Flut unwichtiger Einladungen, mit denen wir täglich überschüttet werden und die damit zur Bedeutungslosigkeit verkommen – wissen wir alle, was es meint. Oder weil, wie wir bereits sagten, „Teilnehmen" nicht bedeutet, Wort zu halten – schon in der realen Welt hat das Wort keine Bedeutung mehr und in der virtuellen und atomisierten Welt wie der von Facebook noch weniger. „Teilnehmen" bedeutet hier eher eine Art „Abwarten". Es verwundert nicht einmal, dass zu einem solchen Event sogar mehrere Leute kommen, die „Nicht teilnehmen" angeklickt und innerhalb von Sekunden aufgrund eines Anrufs oder einer E-Mail ihre Meinung geändert haben. Ebenso wenig verwundert es, dass andere, die zugesagt haben, nicht im Traum daran denken, ihre Zusage einzuhalten.

Was auf den ersten Blick den Eindruck eines großen Freundeskreises macht, sollte nicht darüber hinwegtäuschen, dass dem nicht so ist. Bei Facebook denkt niemand wirklich an „Freunde". Wenn man andere mit Einladungen zu Events, Tests, Befragungen, Geschenken oder Fangruppen überschüttet oder wenn jemand das Feld „Teilnehmen" anklickt, denkt er noch lange nicht, dass derjenige, der den Aufruf gestartet hat, wirklich seine Anwesenheit erwartet.

Auch das überrascht nicht, wenn wir uns klarmachen, dass die Mehrheit einfach „Teilnehmen" anklickt, ohne sich Zeit dafür zu nehmen, die Einladung überhaupt zu lesen. Sich die Zeit zum Lesen zu nehmen und die Fähigkeit, Nachrichten überhaupt zu verstehen, nimmt ab, was wiederum das eben beschriebene Verhalten erklärt.

Der Autor konnte das in einem Experiment feststellen, bei dem er zahlreiche Personen zu einem Event an einen Ort einlud, an den sie gar nicht kommen konnten, und das zu einer „unmöglichen" Uhrzeit. Er erhielt nicht nur Zusagen, sondern auch Antworten wie „Vielleicht teilnehmen", was beweist, dass es nicht selten passiert, dass jemand etwas anklickt, ohne die Einladung überhaupt gelesen zu haben.

Ich möchte noch einmal betonen, dass es sich dabei nicht um eine spezifische Schwäche von Facebook-Nutzern handelt, sondern ganz allgemein um fehlende Verbindlichkeit gegenüber dem Rest der Welt, die in der Virtualität des Netzes dadurch befördert wird, dass jeder ungestraft bleibt. Es ist nicht mehr und nicht weniger als die Folge einer gesellschaftlichen Entwicklung, die seit mehreren Jahrzehnten zu beobachten ist: Ein Verfall jeglicher Werte, wie es beispielsweise auch der politische Diskurs zeigt.

Betont werden muss an dieser Stelle noch einmal, dass die Bedeutungsleere der Worte nicht ausschließlich Facebook betrifft. Dieses Phänomen zeigt sich zum Beispiel auf den Straßen der Städte, wenn Frauen T-Shirts mit Aufdrucken wie „Make me yours" oder „Kiss me" oder ähnlichen Aussagen tragen, wobei man allerdings davon ausgehen muss, dass das in den meisten Fällen kein ernst gemeinter Aufruf ist, sondern sie lediglich ein T-Shirt mit „Zeichnungen" tragen, die zufällig Buchstaben sind.

Einige werden aber auch dort keinen Unterschied machen: Solche „Aufforderungen" werden nicht selten als vielversprechende Anmache interpretiert.

Ein weiteres Symptom dieser Problematik sind Werbebotschaften wie: „Dass ich ein Fußballspiel aufzeichnen kann (beim Kabelfernsehen), um es mehrmals anzuschauen, hat mein Leben verändert", oder der Slogan: „Eine Müsliriegelmarke hat sich wegen dir verändert, verändere dich (wegen ihr)." Hat da jemand gesagt, er habe mein Leben verändert? Hat etwa das Aufzeichnen eines Fußballspiels, um es sich ein zweites Mal anzuschauen, genauso viel Einfluss auf unser Leben wie die Geburt eines Kindes oder der Tod eines geliebten Menschen, was unser Leben *wirklich* verändert? Der Müsliriegel hat sich tatsächlich *wegen mir* verändert? Oder weil er hässlich war und niemand ihn gekauft hat? Wenn das so ist, dass er sich wegen mir verändert hat, dann, damit ich ihn kaufe. Doch warum sollte ich auf seine Veränderung reagieren?

Es ist nicht nötig zu verdeutlichen, dass die Werbung des Kabelanbieters nicht bestrebt ist, eine Veränderung in unserem Leben zu bewirken, die mit einem Lottogewinn vergleichbar wäre, und dass der Müsliriegel nicht versucht, uns unser süchtiges und ungesundes Verhältnis zu Süßigkeiten zu verändern.

Es sind einfach Botschaften, die mit ihren eingängigen Slogans völlig unverbindlich bleiben, aber zum Kauf anregen. Es ist eine Entzauberung der Worte zugunsten des Bildes oder der Ästhetik.

Es soll hier nicht behauptet werden, dass früher alles besser war, – eher im Gegenteil. Aber es wäre keine schlechte Idee, die vielfältigen Möglichkeiten, die uns das Web bietet, sinnvoll zu nutzen, und die Erfahrungen, die wir bereits gemacht haben, auf das Web zu übertragen und der Kommunikation sozusagen einen Relaunch zu verpassen, um es salopp auszudrücken – will sagen, zu überdenken, wie wir miteinander kommunizieren und umgehen möchten.

> Nirgendwo werden Kontakte so schnell und unverbindlich geknüpft oder gelöst wie bei Facebook.
> Die Datensicherung auch von Ex-„Freunden" bleibt allerdings Facebook vorbehalten.

Man sollte der Kommunikation im Web den Platz einräumen, den sie verdient, sie mit Inhalten füllen. Dann könnten wir alle ihr Potenzial ausschöpfen. Doch dazu müssen wir, wie gesagt, zu unserem Wort stehen, müssen wir unsere Worte und ihre Bedeutung ernst nehmen.

Vielleicht entspräche ein solches Verhalten nicht einer Revolution von historischer Tragweite wie die der Erfindung des Buchdrucks, aber es wäre ein „process", wie der große spirituelle Lehrer Jiddu Krishnamurti sagen würde, nämlich die nicht minder wichtige Revolution, sich selbst zu revolutionieren – etwas, das nicht zu unterschätzen ist.

Brad und Angelina führen jetzt eine offene Beziehung („Gefällt mir")

Hast du dich schon einmal gefragt, was das für ein Drang ist, fortwährend über Dinge informiert zu sein, die uns nicht im Geringsten betreffen und uns auch nichts angehen?

Zum Beispiel die Nachricht, dass das Länderrisiko – bezogen auf Wirtschaft und Finanzwesen – um 78 Punkte gestiegen ist. Okay, das betrifft uns sogar sehr, wenn unser Land vielleicht den Bach runter geht, aber seien wir ehrlich und geben zu, dass niemand von uns einen blassen Schimmer davon hat, ob 78 Punkte beim Länderrisiko viel oder wenig sind. Was zum Teufel misst dieser Index und wer ist dafür zuständig?

Bestimmt denkst du, dass dich das nicht betrifft, dass du kein Nachrichten-Junkie bist und deswegen auch diesen Index nicht kennst, doch in Wahrheit liest du mindestens einmal am Tag eine Zeitung oder informierst dich online über die neuesten Nachrichten. Das gilt im Prinzip auch für unsere Eltern und Großeltern, die um 20 Uhr die Fernsehnachrichten schauen – wir sind nur ein bisschen moderner. Wenn du tatsächlich zu denen gehörst, die keine Ahnung von Nachrichten haben und das Wort BSP (Bruttosozialprodukt) für den Namen eines Fußballturniers halten, dann behalte das besser für dich. Ansonsten werden die Leute um dich herum automatisch mit dem Finger auf dich zeigen, was nicht gut ist, außer du tanzt in einem Film von Quentin Tarantino mit Uma Thurman in einer Disco, und das Drehbuch schreibt vor, dass diejenigen, die um dich herumstehen, deutlich machen sollen, dass du wirklich ein ausgezeichneter Tänzer bist.

Doch zurück zum Thema: Wenn man also das Wort „Nachrichten" hört oder liest, sind die ersten Bilder, die einem in den Kopf schießen, „Zugunglück", „Strompreiserhöhung", „Stilllegung des Busverkehrs für 48 Stunden" oder „In London wurden Achtlinge geboren". Vielleicht denken wir noch an eine Zeitschrift. Doch selten an Auflistungen von Gedanken und Aktivitäten von Facebook-Nutzern, die sich folgendermaßen lesen könnten:

Der Unterschied zwischen Nachrichten und *Nachrichten* ist immens: Bei Facebook wird uns weisgemacht, immer in Echtzeit mit Nachrichten versorgt zu sein. Das stimmt soweit, nur sind die Inhalte dieser Informationswut meist völlig belanglos.

Karl M. Es reicht mit den Filmen über Mäuse/Ratten.
Diese Viecher sind seit der Pest nicht mehr so gefragt gewesen.
vor etwa einer Stunde. – Kommentieren
Klaus M. kommentiert das Foto von Christian W.
Was für ein schönes Bild! Ein großartiges Bild für einen tollen Komiker!
Hans B. hat eine neue Nachricht. 25 Things (25 Dinge,
die du normalerweise machst)
Alexander S. nimmt teil an der 1sten Tipp-Kick WM in Berlin.
– Kommentieren – Teilnahme an dieser Veranstaltung bestätigen
Susanne P. hat ein Video hochgeladen (Link dazu: …)

Offensichtlich sind wir wieder einmal in die Falle getappt, belanglose Nachrichten zu empfangen, ja geradezu empfangen zu müssen. Nicht dass das hier sarkastisch rüberkommen soll – es könnte tatsächlich sein, dass eine dieser Ankündigungen für jemanden von Bedeutung ist.

Ich möchte nur deutlich machen, dass es sich vielleicht eher um eine Werbeanzeige, einen Kommentar, eine Einladung ... aber nicht um eine Nachricht im eigentlichen Sinne handelt.

So sehr wir auch über das persönliche und private Umfeld einer „Nichtberühmtheit" reden – wichtig oder bedeutungsvoll für die Nachwelt ist das nicht. *Private Ereignisse* wie beispielsweise die Hochzeit eines Freundes, die Geburt eines Kindes oder die Untreue des Partners sind keine echten *Nachrichten*. Dass jemand ins Theater geht, um sich ein bestimmtes Stück anzuschauen, ist noch nicht „bedeutungsvoll", nicht einmal für eine Gruppe alter Klatschtanten aus dem Viertel, die alles Mögliche zur Neuigkeit erheben, ohne dessen Wichtigkeit zu prüfen.

Um diese Hypothese der Belanglosigkeit solcher Mitteilungen zu überprüfen, genügt es, sich die eigene Reaktion vorzustellen, wenn man auf N-TV umschalten würde und plötzlich auf dem Bildschirm Folgendes sähe:

Wir wiederholen: Klaus M. kommentiert das Foto von Christian W.

Wir wollen Klaus' gewagten und höchst lobenswerten Akt nicht missachten, aber eine Nachricht ist das nicht.

Wenn dieses eine Beispiel nicht genügt, um die Hypothese zu untermauern, hier drei weitere Kostproben solcher „Nachrichten" à la Facebook:

1) Ein Zeitungsjunge ruft in den Straßen irgendeiner Metropole Folgendes aus: „Extrablatt! Extrablatt! Marianne Lange und Michael Loop sind jetzt Freunde dank des Werkzeugs ‚Finde Personen auf Facebook, die du kennst'!"

2) Der Direktor einer Zeitung platzt in die Schlussredaktion und schreit: „Haltet die Druckmaschinen an! Markus Schmidt hat ein Video über Rick Astley veröffentlicht!"

3) Ein Kriegsberichterstatter inmitten des Lärms der über der Stadt abgeworfenen Raketen sagt: „Wir berichten live aus Bagdad. Während die Luftangriffe nordamerikanischer Flugzeuge an Intensität zunehmen, können wir Ihnen berichten, dass Jörg Schultz an der 1. Internationalen Ausstellung von Fußball-WM-Sammelbildchen teilnimmt. Zurück ins Studio. Marcel Überreif für Liga-TV."

Es geschieht im Film, es geschieht im Leben, es geschieht bei Facebook

Neben den allgemeinen Nachrichten gibt es, wie wir wissen, auch die Regenbogenpresse, die sich mit Romanzen, Scheidungen, Ehebrüchen und allem anderen, was Promis betrifft, beschäftigt und die in Form von Zeitschriften und speziellen Fernsehmagazinen gehandelt wird.

Etwas Ähnliches passiert bei Facebook: So, wie es allgemeine Nachrichten gibt, gibt es auch Klatsch. Aber Facebook ist kein Promi-Magazin aus dem einfachen Grund, weil es keine Stars oder Promis gibt. Es gibt aber originelle Typen, die das Netz selbst hervorgebracht hat, wie zum Beispiel Chris Crocker: Ein fanatischer Fan von Britney Spears, der durch ein Video auf *YouTube* berühmt wurde, in dem er die von der Presse durch den verbalen Schmutz gezogene Künstlerin unter Tränen in Schutz nimmt.

Glaubt irgendjemand ernsthaft, dass Facebook sich mit so einem unbedeutenden Kram beschäftigt und eigens einen Bereich für die Verbreitung von Klatsch einrichtet? Natürlich nicht! Eine Kleinigkeit gilt es dabei allerdings zu beachten: Diese Nachrichten unterscheiden sich ein wenig von der Wirklichkeit und – noblesse oblige man muss Facebook dazu beglückwünschen, dass es viel aufgeschlossener ist, als wir es kennen oder akzeptieren wollen, ohne zu erschrecken.

Es ist zum Beispiel völlig normal, dass zwei Menschen „in einer Beziehung sind", und es gibt sogar welche, die eine gewisse brutale Offenheit an den Tag legen und keine Angst vor dem Eingeständnis haben, dass sie „eine komplizierte Beziehung führen". Das muss nun niemanden erschrecken, da jeder weiß, dass man im Leben nicht auf Rosen gebettet ist, und erst recht nicht in Liebesbeziehungen. Was auffällt, ist, dass viele Paare, die Facebook-Nutzer sind, sich zu einer offenen Beziehung bekennen.

Anders ist nicht zu verstehen, wie es kommt, dass so viele User ohne irgendwelche Komplexe oder Angst davor, was die Freunde wohl sagen, bekennen, dass sie Swinger sind und somit überhaupt keine Eifersucht angesichts der Avancen verspüren, die ihre Partnerinnen/Partner sich erlauben.

Bei Facebook ist das jedoch in einem anderen Kontext zu verstehen und „eine offene Beziehung führen" bedeutet etwas anderes, vielleicht ja etwas so Banales bzw. Lustiges wie herauszufinden, dass zwei Freunde von dir „jetzt verheiratet sind", bei denen du, vor 15 Jahren vielleicht, Trauzeuge warst und ihre Kinder jede Woche mit deinen tanzen gehen.

Da wir von lustig sprechen: Es wäre wirklich witzig zu sehen, wie Facebook reagieren würde, wenn zwei „Freunde" – die nichts gemeinsam haben, außer dass sie uns unabhängig voneinander kennen – im gleichen Moment ihren Beziehungsstatus in „verheiratet" umänderten.

Das könnte folgendermaßen aussehen:
Julian Peters, Erik Gärtner und Marina Mars nehmen teil an „Ampeln". Paul Martin und Alexandra Krieger haben den Beziehungsstatus „verheiratet".

Es ist nicht ganz klar, wozu es gut sein soll, zu verkünden, ob man verheiratet, ledig, verlobt ist oder in einer komplizierten Beziehung lebt. Obwohl, wenn man genauer darüber nachdenkt, haben diese Angaben durchaus Implikationen für den großen Kontakthof Facebook: Mit „ledig" wird gerne assoziiert, dass hier jemand nicht nur allein, sondern außerdem so verzweifelt darüber ist, dass er es jedem auf die Nase binden muss. Wenn jemand „ledig" angibt, der offensichtlich (Profilfoto) attraktiv ist, wird ihm gern unterstellt, dass „ihm nichts genügt". Wenn die Nachrichten überholt oder unbedeutend für die Mehrheit sind (denn die *wirklichen* Freunde wissen solche Dinge), dann gilt oben erwähnte Hypothese über Nachrichten und Pseudo-Shows bei Facebook. Könnte es sein, das die Form vor dem Inhalt kommt und eine Boulevardnachricht einfach Material für Tratsch im Chat ist? Oder ist es nur ein Angebot für die Aasgeier, die über den sterbenden Beziehungen kreisen, und für diejenigen, die nur interessiert, ob jemand NICHT MEHR als „verheiratet", „in einer Beziehung" oder „verlobt" registriert ist?

Was Letzeres angeht und über die Fragen von vorhin hinausgeht, ist, dass das Feld „Beziehungsstatus" noch ein paar weitere Besonderheiten aufweist. Den Beziehungsstatus „geschieden" kennt Facebook nicht. Dort heißt es „ledig" oder nicht mehr „verheiratet" (was sowohl durch Scheidung als auch durch Verwitwung verursacht werden kann). Es sind also nicht alle Zivilstände vorgesehen, was die Sache nicht immer eindeutig macht.

Etwas Ähnliches, das mit den Neuigkeiten geschieht, passiert auch mit dem berühmten Feld „Neueste Meldungen", das uns ebenso in die Falle der großmäuligen und angeberischen Ankündigungen auf Facebook lockt. Status-Update, sagten wir? Verstehen wir darunter nicht die neue Version einer Software, die Verbesserungen im Vergleich zur vorherigen bringt, oder einen Kongress, an dem unser Arzt teilnimmt, um sich auf den neuesten Stand der Behandlungsmöglichkeiten einer bestimmten Krankheit zu bringen? Nein, liebe Freunde. Macht euch keine Illusionen. In diesem Fall bedeutet ein Update nicht mehr als eine Reihe von Status-Veränderungen („Woran denkst du gerade?") oder die Ausarbeitung eines Tests durch unsere Freunde und keine wirklichen Verbesserungen oder keinen nennenswerten Fortschritt.

Die Höllenpinnwand

Josef Gruber ist von Beruf Maurer. Er weiß nicht genau, was Facebook ist – und will es auch gar nicht wissen. Er weiß vielleicht auch nicht alles über die Ereignisse, die dazu führten, dass Deutschland durch eine Mauer geteilt wurde, die mitten durch Berlin führte, und er hat auch nicht den Film *The Wall* gesehen. Genauso wenig kann er die Texte von der Platte von Pink Floyd auswendig. Doch wenn es etwas gibt, dessen er vollkommen sicher ist, dann ist es das: Nämlich was eine Mauer bzw. eine Wand ist. Wenn wir ihn danach fragen, bekommen wir wahrscheinlich eine ungeduldige Antwort, wenn er den Verdacht hat, dass unsere Frage nicht darauf abzielt, ihn mit dem Hochziehen einer solchen zu beauftragen.

Wenn wir ihn fragen würden, wo wir all unsere Aktivitäten dokumentieren könnten, würde uns Josef bestimmt in einen Schreibwarenladen schicken, damit wir uns ein Notizbuch kaufen, und uns den Rat geben, so etwas wie ein Tagebuch zu führen. Wenn wir dann noch immer darauf bestehen, dass wir das an einer Wand tun möchten, würde uns Josef, mit der Geduld am Ende und kurz davor, die Kontrolle über sich zu verlieren, empfehlen, in einen Baumarkt zu gehen und uns Sprühfarbe zu kaufen, um sämtliche Wände, auf die wir Lust haben, mit Graffitis vollzusprühen, damit wir ihn nicht weiter mit unseren dummen Fragen belästigen.

Die Höllenpinnwand

Aber was der Maurer offensichtlich nicht weiß, ist, dass es auch eine Wand bei Facebook gibt, und zwar eine Wand, die keine Maurerarbeit ist, die eine vertikale Fläche herstellt, sondern ein Werkzeug, ein Raum, wo sämtliche Aktivitäten einer Person innerhalb des sozialen Netzwerks gesammelt werden. Diese Wand heißt „Pinnwand". Sie ist für alle zugänglich. Für alle? Warum sollte jemand auf ein Feld, das eine andere Person in Facebook erstellt hat, gehen wollen? Indiskretion? Lust? Bewunderung? Fetischismus? Neugier?

Die Pinnwand eines anderen anzuschauen, ist, als wäre man ein Voyeur, der sich ein Fernglas kauft, um den Terminkalender dieses anderen auszuspähen. Dennoch ist die Pinnwand nicht der interessanteste Aspekt von Facebook, außer man hat für die betreffende Person eine bestimmte Schwäche. In Wirklichkeit ähnelt die Pinnwand einer Kühlschranktür, die übersät ist mit Zetteln, Magneten und virtuellen Flugblättern.

Das heißt, die „Wand" besteht aus einer Menge verschiedener Kurzinfos. Das Interessanteste, das man dort finden kann, ist die unerklärliche Gewohnheit vieler Leute, private Nachrichten sichtbar für den Rest der Welt zu hinterlassen, anstatt sie über „Nachrichten senden" im Feld „Nachrichten und Postfach" zu verschicken.

Ein Beispiel: „Ahmed, vergiss nicht, das Plutonium und die Zünder zu besorgen, ich komm heute bei dir vorbei." War es wirklich nötig, dass ALLE erfahren, dass sie vorhaben, bei Ahmed eine Atombombe zu bauen? Und wäre es nicht opportuner und effektiver gewesen, ihm eine SMS zu schicken?

Womöglich wäre es sogar angemessener gewesen, es als Artikel zu veröffentlichen; dann würde man es unter „Notizen", einer weiteren Art von Korkwand platzieren, die, um ehrlich zu sein, viel interessanter ist als die „Höllenwand". Hier hat man Zugang zu Artikeln und Videos, die unsere Freunde uns zeigen möchten. Hier bekommen wir hin und wieder etwas Nützliches oder Überraschendes geboten.

Gib mir alle Informationen über dich, und ich sage dir, wer du bist

Vor ein paar Jahren erzählte ich einem Arbeitskollegen mit ernster Miene, dass ich einen Detektivkurs belegen wollte und der Unterricht am kommenden Montag anfangen würde. Als er mich sichtbar amüsiert fragte, wo dieser Detektivkurs denn stattfinden würde, fiel mir nichts Besseres ein, als ihm zu sagen: „Das hat man mir nicht gesagt ... sonst wäre es ja witzlos."

Die eigentliche Frage, um die es mir ging, war, ob es genüge, jemanden bei Facebook als Freund zu bestätigen, um so viele Informationen wie möglich über diese Person zu bekommen und sich beim Kombinieren von Daten, Fakten und Terminen nicht zu blöd anzustellen, um Alibis entweder als wahr zu akzeptieren oder als Lüge auffliegen zu lassen. Die Informationen aus dem Profil sind nämlich der perfekte Rohstoff für den Klatsch und Tratsch im 21. Jahrhundert.

> Das Geniale am Facebook-Prinzip ist, dass die Nutzer gar keine Daten sammeln müssen. Der Nutzer serviert sie auf einem goldenen Tablett. Neben den persönlichen Daten, die jeder Nutzer sowieso schon preisgibt, teilt er mit jedem „Gefällt mir"-Klick mehr und mehr über seine persönlichen Vorlieben mit und wird so zum gläsernen Internetnutzer. Aber nicht nur das! Auch die Daten von Nicht-Mitgliedern interessieren Facebook. Synchronisiert man beispielsweise per *iPhone*-App sein Adressbuch, so werden sämtliche Kontakte des *iPhones* auf die Facebook-Server geladen. Nicht jeder der Freunde und Bekannten wird das danken.

Doch nicht die ganze Welt besteht aus Klatschmäulern und Detektiven. Deshalb muss man sich auch nicht verfolgt oder beschattet fühlen, außer man steht in der Öffentlichkeit und weckt große Neugier in der gesamten Gesellschaft. In so einem Fall müssten wir entweder sämtliche Maßnahmen zum Schutz unserer Privatsphäre ergreifen und Facebook komplett vergessen. Keinen Facebook-Account zu haben, sollte keinen Star stören: Es wird sich schon jemand finden, der sich an dessen Stelle einen Account seines Namens anlegt. Was übrigens die Privatsphäre angeht, lohnt es sich, die Meinung des argentinischen Schriftstellers und Drehbuchautors Marcelo Lacanna kennenzulernen:

Über Facebook, den Schutz der Privatsphäre und ein paar Fotos von mir mit nacktem Hintern

Wie es scheint, spricht schon jeder beim Frühstück über dieses langweilige Thema Facebook und die Datensicherheit. Hört das denn nie mehr auf? Haha. Sieh nur, wie ich lache. Sogar meine Mutter weiß schon Bescheid (sie hat mich sogar besorgt angerufen). Um es kurz zu machen: Facebook hat seine neuen allgemeinen Bedingungen veröffentlicht, die besagen, dass, wenn man etwas auf Facebook schreibt, Facebook damit autorisiert, diese Information zu veröffentlichen und sie anderen Nutzern von Facebook zur Verfügung zu stellen. Diese Information bleibt bis zum Sankt Nimmerleinstag, der Schließung von Facebook oder dem Ende der Welt dort.

Und wegen dieser kurzen Nachricht gab es einen riesigen Skandal, ein Aufstöhnen und Zähneknirschen und umfassende Berichterstattung. Viele Leute waren verärgert, drohten damit, ihr Profil zu löschen, und organisierten einen Boykott, sodass schließlich der Pate von Facebook an die Öffentlichkeit treten musste, um zu sagen: „Ich habe den Eindruck, dass niemand etwas begriffen hat, stellen Sie sich nicht so an, wir machen alles rückgängig, wir machen alles rückgängig ..." Und man beschloss, die neuen allgemeinen Bedingungen zu streichen und zu der alten Version zurückzukehren, die ungefähr dasselbe beinhaltet, nur anders formuliert.

Facebook und der Schutz der Privatsphäre

Ich habe die „neuen" und die „alten" Richtlinien von Facebook gelesen und mich gefragt: Weshalb dieser Aufruhr? Dann habe ich sie noch einmal gelesen und mich wieder gefragt: Weshalb dieser Aufruhr? Bis ich schließlich begriff: Sie hatten es erst jetzt mitbekommen. Millionen von Facebook-Nutzern hatten etwas bemerkt. Etwas, das ich bereits wusste, etwas, das Millionen andere wussten ... aber – ganz offensichtlich – viele andere Millionen nicht. Die Quintessenz dieser „Neuigkeit" lautet: Man verfügt also nicht allein über das, was man auf Facebook veröffentlicht. Und das merkt ihr jetzt erst?

Was ist mit dem geistigen Eigentum? Und meinem Urheberrecht als Schöpfer eines Kunstwerks? Und der Privatsphäre? Und der Verfassung? Und der Genfer Konvention? Ist Facebook nicht eine offizielle Plattform? Und die Regierung unternimmt nichts?

> Facebook erhält mit der Registrierung eine nicht-exklusive, übertragbare, unterlizenzierbare, unentgeltliche, weltweite Lizenz für die Nutzung aller IP-Inhalte, die auf oder im Zusammenhang mit Facebook gepostet werden („IP-Lizenz"). Diese IP-Lizenz endet, wenn IP-Inhalte oder ein Konto gelöscht werden, außer die Inhalte wurden mit anderen Nutzern geteilt und diese haben sie nicht gelöscht.

Tatsache ist, dass viele Medien die Verwirrung erst komplett gemacht haben, indem sie über etwas schlau daherredeten, wovon sie nichts verstehen. Nicht dass ich Facebook mit dem, was ich schreibe, verteidigen möchte oder Lust hätte, anderen auf die

Sprünge zu helfen. Es ist jedenfalls ein Anlass, um ein wenig nachzudenken – etwas, das hin und wieder nicht schadet.

Erklärung Nr. 1: Diese ganze Facebook-Geschichte hat überhaupt nichts mit Urheberrecht oder geistigem Eigentum zu tun. Das Erste, was wir ansprechen sollten, ist die Panik, die Millionen von kleinen Schreiberlingen, Musikern, Malern, Fotografen, Bildhauern und Journalisten überkam, als ihnen klar wurde, dass Facebook ihnen das geistige Eigentum über ihre netten Werke zum eigenen Nutzen „rauben" könnte, indem sie ein Buch mit Texten oder hübschen *Photoshop*-Collagen oder den Fotos mit nackten Hintern, die manche bei Facebook einstellen, veröffentlichen. Nur die Ruhe. Das wird nie passieren.

Denken wir einen Moment nach. Facebook ist eine Firma, die unendlich viele Millionen Dollar wert ist. Glaubst du wirklich, dass Facebook ein Buch mit deinen Texten veröffentlicht? Oder mit den schlecht aufgelösten Fotos, die du in deinem Album „Weihnachten 2008" hochgeladen hast? Nein, nicht wirklich, oder?

Allerdings bringt es dich dazu, allgemeine Bedingungen zu akzeptieren, nach denen du ihnen alle diese Rechte abtrittst, damit sie deine Daten auf Facebook veröffentlichen können ... was ja genau das ist, was man will. Es ist, als würde man denen sagen: „Hör mal, Facebook, jedes Mal, wenn ich ein

Foto mit nacktem Hintern oder einen Kommentar zu irgendeinem Thema einstelle, erlaube ich dir, dies auf deinem Server und deiner Website, die dir gehört, zu veröffentlichen: nämlich auf www.facebook.com."

Es sind eben Amerikaner. Du weißt ja, wie die sind. Sie schützen sich, indem sie alles schriftlich fixieren alle Rechte garantiert, unbeschränkt, nicht-bindend, zu jedem Verwendungszweck ... Das ist wie mit dem Kaffee. Man bestellt einen Kaffee, und er wird einem in einem Becher serviert, auf dem steht: „WARNING! THIS COFFEE MAY BE HOT!" Denn wenn du dir idiotischerweise den Mund verbrennst, kannst du rein rechtlich eine 100-Millionen-Dollar-Klage anstrengen, weil man dich nicht darauf aufmerksam gemacht hat, dass der Kaffee, den du bestellt hast, heiß sein könnte. Verstanden?

Das Gleiche passiert mit dem, was du auf Facebook schreibst. Willst du an die Pinnwand deines Freundes Thomas schreiben: „Verdammt sei, wer das liest"? „Na gut, unterschreib hier", sagt Facebook, und macht damit klar, dass du (im Folgenden NUTZER genannt) mich (Facebook) unbegrenzt autorisierst, International und für den Rest deines Lebens, deine Mitteilung „Verdammt sei, wer das liest" zu nutzen (im Folgenden das WERK DES NUTZERS genannt), damit ich sie an die Pinnwand deines Freundes Thomas „heften kann". Wenn dir das nicht gefällt, schreibe nichts in Facebook, denn im Grunde gehört Facebook weder dir noch deinem Freund Thomas – es ist eine kommerzielle Plattform. Die Alternative: Ruf Thomas (im Folgenden DER ANDERE NUTZER genannt) an und sag ihm: „Verdammt!" – und geh mir (Facebook) nicht länger auf die Nerven.

Keiner zwingt dich, Facebook zu benutzen. Ich wiederhole: Es ist eine kommerzielle Website. Sie ist (noch) umsonst, du kannst ohne größere Schwierigkeiten schreiben: „Hänschen lässt die Badewanne überlaufen", deine Fotos im Tanga hochladen, deinen Freunden irgendwelchen Blödsinn an die Pinnwand schreiben, Mitglied der Gruppe „RETTEN WIR DIE MAMMUTS, BEVOR SIE AUSSTERBEN!" werden. Das ist alles. Aber um das tun zu können, musst du alles akzeptieren, was man von dir verlangt.

Sie tun das nicht aus Bösartigkeit oder Gier, es ist keine Überrumpelungstaktik und sie sind keine Diebe. Sie tun das, weil sie eine amerikanische Firma sind, und bestimmt hat sie schon jemand zu verklagen versucht, um ihnen Geld aus der Tasche zu ziehen. Wenn es dir gefällt, gut, wenn nicht, auch gut. Weißt du was? Wenn du deinem Freund etwas sagen willst, dann ruf ihn an. Oder schreib ihm einen Brief. Oder kauf ihm einen echten Plüschbär und schenk ihn ihm. Aber erzähl mir nicht, dass du Angst hast, dass John Facebook Multimillionär wird, weil er ein Büchlein mit deinen einfallsreichen Aphorismen veröffentlichen will.

Und damit wäre das Thema des Urheberrechts und geistigen Eigentums wohl geklärt. Wenden wir uns der Frage der Privatsphäre zu, denn da wird es wirklich interessant.

Erklärung Nr. 2: Die Wahrheit ist, dass es sooooo privat nicht ist.

Und diese Erkenntnis richtet Schäden im Nervensystem von Millionen Facebook-Nutzern an. Es ist alles andere als optimal, auf Facebook herumzublödeln, wenn man auf den Schutz seiner Privatsphäre sehr erpicht ist. Aber auch das ist nicht die Schuld von Facebook.

Soweit ich weiß, spioniert Facebook die Leute nicht aus, es ist kein *Big Brother* oder Geheimdienst. Es hortet und zeigt Informationen, die DU zu veröffentlichen beschlossen hast oder die jemand (ein Freund von dir zum Beispiel) zu veröffentlichen beschlossen hat. Wenn du also Nacktfotos von dir für deine Gruppe „Nudisten im Netz" auf Facebook einstellst, dann solltest du dich nicht über das verstohlene Grinsen der Kollegen am Montag im Büro wundern.

Jetzt sagst du mir vielleicht: „Hey, das Foto habe ich aber nur für die Mitglieder meiner Gruppe ‚Nudisten im Netz' hochgeladen!" Und ich sage dir: „Mag sein, aber anscheinend ist eines der Mitglieder ebenfalls Mitglied in der Gruppe ‚ICH ARBEITE BEI SCHRAUBEN

DON ERNESTO', wo du nämlich auch arbeitest, Dummkopf." Oder nehmen wir an, du bist 36 Jahre alt, schreibst aber, du wärst 30. Allen sagst du, dass du 30 bist ... Deiner Freundin sagst du das, deinen Computerspielkumpels ... Und dann wirst du Mitglied in der Gruppe: „Schulabgänger des Jahrgangs 1990 der Oberschule Heilige Weihnachtskrippe Jesu".

Selbstverständlich gibt es auf Facebook Tausende von Möglichkeiten, deine sogenannte Privatsphäre zu schützen, indem du angibst, wer deine Fotos sehen darf (ob alle, nur deine Freunde oder die Freunde deiner Freunde oder deine Mutter), wer deine Pinnwand lesen darf (ob alle, nur deine Freunde, die Freunde deiner Freunde oder deine Mutter), wer dein Profil und deine Testantworten sehen darf. Aber von einem durchschnittlichen Facebook-Nutzer zu verlangen, dass er damit umzugehen weiß, ist ein bisschen viel verlangt.

Es gibt Menschen, von denen kann man nicht verlangen, dass sie korrekt den Namen der Stadt angeben, in der sie leben, wenn sie ein Konto eröffnen wollen. Von diesen kann man auch kaum erwarten, dass sie das Thema Privatsphäre ernst nehmen und begreifen, dass es keine besonders tolle Idee ist, Mitglied in der Gruppe „ARGENTINISCHE LEHRER AUF Facebook" und „ICH SAMMLE 100.000 UNTERSCHRIFTEN ZUR HERABSETZUNG DES ERLAUBTEN HEIRATSALTERS" zu werden.

Facebook und der Schutz der Privatsphäre

Wir leben in sehr modernen Zeiten, liebe Leute. In sehr aufregenden, amüsanten und technologischen Zeiten, mit viel Facebook *mobile for iPhone*, viel *Twitter*, vielen *Blogs* und vielen Fragen wie: *„Was machst du gerade?"* Wir leben in Zeiten, in denen die Privatsphäre zu einer immer abstrakteren Vorstellung wird. Zeiten, in denen das dunkelste Geheimnis eines Menschen durch eine falsch verschickte E-Mail gelüftet werden kann. Aber wenn du bei Facebook bist, solltest du wissen, dass du ein Spiel spielst, bei dem dir der Wind jeden Moment die großartigste Karte umdrehen kann.

> Es ist also sehr wohl zu überlegen, ob und welche Daten man veröffentlicht! Sind sie erst einmal auf den Servern von Facebook, ist es schwer bis unmöglich, diese zu entfernen. Da hilft auch das Deaktivieren des Accounts nichts, denn eine komplette Löschung ist bei Facebook gar nicht vorgesehen. Die Daten verbleiben also für immer im Netz.

Erklärung Nr. 3: Und ja, es ist für immer. Der Aufruhr drehte sich anscheinend vor allem um eine Klausel, in der stand, dass das, was auf Facebook geschrieben oder dort hingeschickt oder veröffentlicht wird, für immer dort bleiben würde, selbst wenn der Nutzer seinen Account löscht.

Wie bitte? Wenn ich aus Facebook verschwinde und meinen Account lösche, ist alles, was ich je geschrieben habe, noch immer dort vorhanden? Ja und? Natürlich. Was ist daran so besonders? – Das kann nicht sein ... Mal sehen ...

Ist ja alles ganz hübsch bei Facebook. Die Pinnwand und meine Gruppe zur Bewahrung frauenfeindlicher Witze, aber ... Du willst mir sagen, dass das alles *bleibt*, wenn der Vollrausch vorbei ist, wegen dem ich heute allen möglichen Blödsinn anstelle? Aha. Nein, warte mal, du machst mir Angst. Weil ... Also, du machst mich echt nervös ... Man hat doch so seine Phasen, irgendwann möchte ich es auf eine intellektuelle Kapazität bringen, welche die beiden Binärziffern 0 und 1 übersteigt, oder einen Job finden oder korrekt schreiben lernen oder etwas Ähnliches, und dann will ich nicht, dass die Leute denken, dass ich noch immer glaube, dass „Liebe ist, nie um Verzeihung bitten zu müssen" ein guter Satz ist. Du willst mir also sagen, dass das nie gelöscht wird?

Es wird nicht gelöscht. So wie auch eine E-Mail nie gelöscht wird, die du irgendwann einmal geschrieben hast. Wenn ich dir eine E-Mail schicke, in der steht „wie sehr ich dich doch liebe", bleibt meine Liebeserklärung für immer im Netz. Auch wenn ich dich nicht mehr liebe. Wenn ich die Nachricht unter „Gesendete Objekte" lösche, ist sie noch lange nicht aus deinem Posteingang verschwunden.

Stell dir also vor, wenn du eine Nachricht an Thomas' Pinnwand schickst, dann ist das wie eine E-Mail mit einem Haufen Kopien an andere Leute. Lüge! Lüge! Ich habe nur an Thomas geschrieben, weil Thomas mein Freund ist, und nicht, damit die Nachricht überall zirkuliert ...! – Hör auf zu nerven. Wenn du an Thomas' Pinnwand bei Facebook schreibst, dann WILLST du, dass sie alle lesen, die auf seine Pinnwand gehen. Wenn du das wirklich ernst meinen würdest, wenn du nicht wolltest, dass jeder sie lesen kann, dann schickst du ihm eine E-Mail oder rufst an, oder du sagst gar nichts. Wenn jemand veröffentlicht im Sinne von „öffentlich machen", ist ihm klar, dass das für immer ist. Es sollte ihm zumindest klar sein. Genau das bedeutet publizieren.

Wenn du in einem Medium publizierst, professionell oder als Amateur, digital oder gedruckt, muss dir klar sein, dass du etwas mitteilst – egal ob es die Relativitätstheorie ist oder „Ich liebe dich so sehr". Und dass du das im Nachhinein nicht mehr löschen kannst. Auch wenn du es bereust. Auch wenn du deine Meinung geändert hast. Das hat nichts mit Urheberrecht oder geistigem Eigentum zu tun. Diese beiden Dinge haben womöglich mehr damit zu tun, dass du dann Geld machst mit dem, was du geschrieben hast oder nachahmst. Das hat nichts mit der vorhandenen oder nicht vorhandenen Möglichkeit zu tun, das wieder zum Verschwinden zu bringen, was du geschrieben hast. Das war schon vor Facebook und vor dem Internet so. Werfen wir, um das zu verstehen, doch einen Blick zurück in die Zeit vor dem Internet.

Wenn jemand einen Artikel in einer gedruckten Zeitung oder Zeitschrift verfasste, sagte er: „Ich heiße

Marcelo Lacanna und ich behaupte: ‚Frauen können nicht aus einem fahrenden Bus steigen, ohne eine erbärmlichen Anblick zu bieten.'" Das wurde in so und so vielen Exemplaren gedruckt, die Leute kauften die Zeitschrift und nahmen sie mit nach Hause. Das bleibt. Sie bleibt bei den Leuten, bis das letzte Exemplar der Zeitschrift zerfallen ist oder zum Feuermachen verwendet wurde.

Natürlich habe ich schon den ein oder anderen veröffentlichten Text bereut – sehr oft sogar –, aber es wäre mir nie eingefallen, von den Leuten zu erwarten, dass sie sämtliche Exemplare der Zeitschrift zurückgeben. Was hätte ich denn tun sollen? Etwa sagen: „Warten Sie … der Artikel gefällt mir nicht, ich ziehe ihn zurück"? Zu spät, Alter.

Natürlich ist das Internet ein anderes Medium. Die Leserschaft ist eine andere (und was die mögliche Leserzahl angeht, sind Facebook und ein Blog der tollsten Zeitschrift überlegen). Der Nutzen mag ein anderer sein. Aber die Verantwortung beim Schreiben ist die gleiche. Der wirklich große Unterschied zwischen dem Veröffentlichen in einer gedruckten Zeitschrift und dem bei Facebook oder in einem Blog ist, dass es leicht, schnell und umsonst geht. Man sieht, dass von einem Freund etwas unter „Startseite und Neuigkeiten" steht oder er ein Foto veröffentlicht hat, und sofort fällt einem eine witzige Erwiderung ein, und Sekunden später hat man sie veröffentlicht. Vielleicht stellt sich heraus, dass es gar nicht soooo witzig war. Oder nicht soooo passend. Oder nicht soooo angenehm, wenn Frau und Kinder danebensitzen. Wenn ich einem Freund etwas Privates mitteilen will, sage ich ihm das persönlich oder telefonisch oder per E-Mail. Wenn ich ihm das auf Facebook schreibe, akzeptiere ich (und WILL ich im Grunde), dass der Freund es liest, die Freunde seiner Freunde und meine Freunde auch (wobei „Freunde" hier nach der Definition von Facebook zu verstehen ist).

Missgeschicke, Verwechslungen oder Skandale, die durch Veröffentlichungen bei Facebook passieren, sind an der Tagesordnung. Die Website www.lamebook.com hat sich solcher Kuriositäten angenommen und diese veröffentlicht.
Eine extrem peinliche Panne passierte einer Userin, als sie einem Facebook-Kontakt, mit dem sie außerhalb ihrer Beziehung Sex hatte, eine Nachricht schickte, aber das falsche Eingabefeld erwischte. Das führte dazu, dass die Nachricht, die eindeutige sexuelle Anspielungen enthielt, an alle ihre Facebook-Kontakte geschickt wurde.

Also, liebe Leute, erzählt mir nicht, ihr seid kurz davor, euch die Pulsadern aufzuschneiden, weil ihr bemerkt habt: „Oooooh, ich hab einen Leserbrief in der großen Zeitung Facebook veröffentlicht, und jetzt tut es mir leid ... Das passiert aber auch alles so schnell ... Ich hatte einfach keine Zeit nachzudenken."

Genau darum geht es aber: nachdenken. Manchmal ist es gut, sich ein bisschen Zeit dafür zu nehmen. Selbst für das, was man auf Facebook schreibt.

 **Kwowing me, knowing you**

Wenn Facebook sich eine Erkennungsmelodie zulegen müsste, wäre es bestimmt eine Mischung aus ABBAs „Kwowing me, knowing you" und Tom T. Halls „I wish I had a Million Friends". Das wäre die musikalische Entsprechung für Facebook.

Die Informationen in einem Facebook-Profil, die in verschiedene Unterkategorien aufgeteilt sind, ermöglichen es den Nutzern, sich intensiv kennenzulernen – oder zumindest so weit, wie Ehrlichkeit und gesellschaftliche Konventionen es erlauben. Dazu geht man von „Allgemeine Informationen" weiter zu den Gruppen, bei denen jemand Mitglied ist, man klickt sich durch „Ausbildung und Arbeit", bis man das gefunden hat, was man bei Facebook zu finden hofft. Kurioserweise ist „Geschlecht" als Option nicht verfügbar.

Leute, die klug mit den Informationen umgehen, die sie öffentlich machen wollen, geben nur das preis, was andere neugierig macht (zum Beispiel der Zivilstand „ledig"), und verheimlichen das, was andere in die Flucht schlagen könnte (zum Beispiel den Zivilstand „verheiratet").

Nicht jeder macht sich ernsthaft Gedanken darüber, was man anderen an Informationen überhaupt zumuten kann und welcher Persönlichkeits-Striptease gerade passt. Wie gesagt, gibt es auch diejenigen, die gar nichts ernst nehmen und unausgesprochene Regeln von Facebook – wie es sie auch in jeder anderen Gemeinschaft gibt, die sich als eine solche versteht – missachten, wenn sie ihre Angaben machen.

Hier ein Beispiel dafür, wie man es nicht machen sollte:

Allgemeines
- Geburtstag: 11. September
- Religiöse Ansichten: Jedi

„Gefällt mir" und Interessen
- Lieblingsdate: mit Angelina Jolie

In diesem Fall haben wir es mit einer Person zu tun, die bestimmt über einen gewissen Zeitraum hinweg ein guter Unterhalter ist, aber wahrscheinlich nie als Beispiel für Reife und Ernsthaftigkeit angeführt wird. Zum Glück sind nicht alle Facebook-Nutzer so, und es gibt Leute, die ihre Hausaufgaben ordentlich und einigermaßen kohärente Angaben machen, damit andere Leute sie kennenlernen können. Dazu gehören wahrheitsgemäße Angaben zu: Aktivitäten, Interessen, zur Religion, zu den Hobbys, Musik, zu den Fernsehprogrammen, zu den Lieblingsfilmen und -büchern, zu Kontakten, zur Ausbildung und Arbeit, zu Gruppen, in denen man Mitglied ist, zu den Büchern, die man gerade liest, und anderes mehr. Wenn das nicht genügt, um jemanden kennenzulernen, gibt es kaum noch Hoffnung, denn der Freund hat uns nichts vorenthalten, und mehr noch, wir würden Stunden brauchen, das alles aus ihm herauszuholen, wenn wir ihn persönlich kennenlernen würden. Sich vorzustellen, dass Arthur Conan Doyle sich die Nächte um die Ohren geschlagen hat, um die Abenteuer des Sherlock Holmes zu erzählen, wo er, wenn er heute leben würde, nur noch zwei Seiten bräuchte, bis sein berühmter Detektiv den Fall gelöst hätte – ist vielleicht ein ganz guter Vergleich, was die Zeitersparnis angeht.

Paula und Karl

Karl ist ein Mann von ungefähr 35 Jahren, der gerade eine schmerzhafte Scheidung hinter sich hat. Um seine Trauer und seine Pein zu lindern, nimmt er die Einladung zur Geburtstagsfeier von seinem Freund Christian an. Als er auf der Party ist, merkt er ziemlich schnell, dass er niemanden kennt, weshalb er sich schrecklich langweilt. Auf einmal taucht der Gastgeber auf, und als der seine verzweifelte Miene sieht, macht er die Tür ganz weit auf und schickt alle Gäste nach Hause. Dann öffnet er eine weitere Tür, durch die eine andere Gruppe von Personen hereinkommt, mit denen, wie er glaubt, sein Freund Gemeinsamkeiten hat.

Es stimmt, dass er keinen der Neuankömmlinge kennt, doch ist eine Blondine – Paula – dabei, die er gern kennenlernen möchte. Nach den üblichen ersten Fragen und dem Betrachten der Fotos, die beide dabeihaben, wird ihnen klar, dass sie sowieso irgendwie Freunde sind, weil der Hausherr sie beide kennt. Sie werfen sich vielsagende Blicke zu, und Karl meint Signale dafür zu empfangen, dass er einen Schritt weiter gehen kann.

Da Paula ihm sehr gefällt, und er nicht als Weichei gelten will, geht er das Risiko ein und berührt sie mit ausgestrecktem Zeigefinger an der Schulter. Sie, nicht auf den Kopf gefallen, bestätigt den Empfang der Botschaft und beschließt den Einsatz zu verdoppeln und auf die Berührung zu reagieren. Ab da knistert es vor erotischer Anziehung, und nach fünf oder sechs Berührungen des Unterarms beschließen sie, auf die nächste, intimere Ebene zu wechseln, weil sie sich besser kennenlernen wollen. Doch sie gehen nicht in ein Hotel, sondern tauschen Telefonnummern aus. Paula stellt ihm weitere Freunde vor, die wiederum ihm Freunde vorstellen. Karl ist zufrieden: Er ist allein gekommen und hat Paula und Dutzende von neuen Freunden gefunden, die ihn zum Anhänger von Boo, dem Mädchen aus *Monsters, Inc.*, machen wollen.

Hat jeder die Analogie zwischen Facebook und der Wirklichkeit erkannt? Was in der Realität völlig absurd erscheint – so wie hier beschrieben lernt man sich nicht kennen –, scheint in der virtuellen Welt ganz normal zu sein: Dort ist man gleich mit Fotos zugange, dass Austauschen persönlicher Informationen geht den Leuten leicht von der Hand und „Freunde" findet man zuhauf.

Überraschend ist auch, dass, obwohl Facebook ein Werkzeug ist, um Leute kennenzulernen und „Freunde" zu finden, es lange Zeit eine Maximalzahl von Personen gab, zu denen man Kontakt aufnehmen konnte. Diese Maximalzahl lag lange bei 5.000 Freunden, wurde nun aber aufgehoben. Wenn man weiß, dass es ziemlich schwierig ist, mehr als 100 Freunde zu haben, stellt sich folgende Frage: „Warum wurde das geändert?" Auf www.facebooknoticias.com steht die offizielle Antwort:

Große Persönlichkeiten aus verschiedenen Ländern der Welt wie Sänger, Sportler, Politiker oder einfach Personen von hohem Bekanntheitsgrad haben in Zukunft die Möglichkeit, die Anzahl von Freunden auf Facebook zu steigern, da Facebook plant, die Maximalzahl von 5000 Freunden aufzuheben. Dieser Beschluss erleichtert die Verbreitung von Informationen an eine große Zahl von Personen. Von nun an kann jeder Facebook-Nutzer mehr als 5000 „Freunde" haben, was Politikern und berühmten Persönlichkeiten die Möglichkeit gibt, sich direkt aus dem Netz an eine unbegrenzte Zahl von Anhängern zu wenden. Der französische Präsident Nicolas Sarkozy und die Rockgruppe U2 gehörten zu den Nutznießern, als die Änderungen vorgenommen wurden.

„Bono, die New York Times, Personen des öffentlichen Lebens und andere haben Botschaften und Stimmen, die sich Gehör verschaffen wollen", sagte der Gründer von Facebook Mark Zuckerberg, der von einer „anderen Philosophie" spricht.

Diese Antwort ist nicht sehr logisch. Klingt sie blöd? Irgendwie schon; vielleicht, weil sie blöd IST. Facebook ändert sich, damit Bono soundso viel Tausend Freunde haben kann? Facebook ändert sich wegen ein paar Leuten?

Wie sieht der durchschnittliche Facebook-Nutzer in Zahlen aus?
Er oder sie hat
- 130 Freunde,
- macht 8 Freundschaftsanfragen pro Monat,
- verbringt mehr als 55 Minuten pro Tag auf Facebook,
- klickt 9-mal im Monat auf den „Gefällt mir"-Button,
- schreibt rund 25 Kommentare zu Inhalten pro Monat,
- wird von 4 Fanseiten Fan pro Monat,
- wird zu 3 Veranstaltungen pro Monat eingeladen,
- ist Mitglied bei 13 Gruppen.

Egal, eine Obergrenze von 500, 5.000 oder 5.000.000 Freunde zu haben oder nicht, ist nicht nachvollziehbar. Facebook will uns den Eindruck vermitteln, dass es uns zuhört und uns sämtliche Freiheiten lässt und dass es sich um einen unschätzbaren Vorteil dieses demokratischen Systems handelt, so viel Freunde haben zu können, wie wir wollen. Unsere Zustimmung zu: „Ich will, dass Facebook über sämtliche Informationen zu meiner Person verfügt, mit der ich die Website überschütte", sollen wir möglichst so verstehen: „Ich will, dass du die Informationen über mich an alle möglichen Firmen verkaufst, damit sie Anwendungen entwickeln, die meine Bedürfnisse befriedigen."

Wie? Dachtet ihr etwa, dass Facebook ein Vorkämpfer der Freiheit ist? Dass Zuckerberg nur will, dass sich die Menschheit in einer riesigen und universellen Umarmung ohne Grenzen wiederfindet, *imagine no posessions, imagine all the people sharing all the world doo bee doo* ... John Lennon lässt grüßen. Stattdessen liefert Zuckerberg dir ein Werkzeug, mit dem ein riesiges Monster unkontrollierbarer Spams genährt wird. Was heißt hier, du hasst Spams? Ärgert es dich etwa nicht, wenn du ein Geschenk schicken willst, und die Applikation setzt dir ein Limit von 12 oder 20 Freunden? Ja, wir alle haben einen Spammer in uns.

I'm a loser, with a little help from my friends

Klar ist, dass 10.000 Freunde zu haben nicht bedeutet, berühmt zu sein, sondern eher das Gegenteil, da wir in den meisten Fällen jemanden als Freund akzeptieren, den wir hier nicht kennen. Es handelt sich nicht um Personen aus unserer Vergangenheit, von denen wir glauben, dass sie uns zu irgendeiner neuen Erfahrung verhelfen.

Wenn wir im Sprachgebrauch von Facebook berühmt sein wollen, genügt es, auf „Personen, die du vielleicht kennst" zu gehen, und unterschiedslos Marionetten hinzuzufügen. Wenn wir uns dieser Anwendung bedienen, sollte uns klar sein, dass Facebook mehr oder weniger darüber Bescheid weiß, wer deine Freunde sind und welche Freunde diese Freunde haben. Es spielt keine Rolle, ob du sie kennst oder nicht, weil Facebook unersättlich ist und nicht merkt, ob etwas realistisch ist oder nicht. Wenn es sich ergeben sollte, dass du „diese Person vielleicht kennst" und sie anklickst, hört sie auf, jemand zu sein, den du „vielleicht kennst", um sich augenblicklich in einen „Freund" zu verwandeln. In welchem Moment hat diese Wandlung stattgefunden? Das wissen wir nicht. Doch wir sind überzeugt davon, dass es viel einfacher ist, Freunde zu gewinnen, als alles andere: Es genügt, dass wir auf einen Button drücken und der andere das Gleiche tut.

Von daher gesehen ist es ist nicht nachzuvollziehen, weshalb Dale Carnegie das Buch „Wie man Freunde gewinnt" geschrieben hat – vor ein paar Jahrzehnten hat sich das wie geschnitten Brot verkauft –, wenn es gar nicht nötig ist, schlau, sympathisch, schön, gut, toll oder mitleiderregend zu sein, sondern wenn es ausreicht, einfach nur ein Gesicht zu haben, ein Foto oder Ähnliches.

Kehren wir zurück zu den Analogien zwischen Facebook und der Wirklichkeit und stellen uns vor, wie das Leben von jemandem aussehen würde, der ausdrücklich damit beschäftigt ist „Freunde" zu suchen: ein Verhalten, das nach Einschätzung des Autors ein wenig armselig ist, da sich Freundschaften normalerweise nicht als Folge einer gezielten Suche ergeben.

Eigentlich ist es ja eher so, dass das Verb „suchen" in diesem Kontext nicht unbedingt „neue Freunde finden" bedeutet, sondern „bekannte Leute finden". So muss man sich fragen, warum die Herren von Facebook nicht gleich das Verb „finden" benutzt haben, da es schwierig sein wird, jemanden zu finden, der Freude am bloßen Suchen hat, ohne dabei den doch gewünschten Erfolg zu berücksichtigen.

Vielleicht ist die semantische Verwirrung das Zeichen einer Zeit, in der sich die Leute in Bezug auf *Google* und *Yahoo!* als *Sucher* und nicht als *Finder* bezeichnen, als entspräche der Antrieb für unser Tun dem der Philosophen der Antike, die der Frage mehr Bedeutung beimaßen als der Antwort. Anders gesagt: Es ist, als wäre der Höhlenmensch auf die Jagd gegangen, um sich ein wenig die Beine zu vertreten, egal ob er nun Beute macht oder nicht.

Auch wenn diese Argumentation manchen ein wenig an der Haaren herbeigezogen vorkommt, haben sich die Leute von Facebook wahrscheinlich nicht getäuscht: Eines der Vergnügen eines sozialen Netzwerks besteht genau darin, mit Unbekannten in Kontakt zu treten, um unser soziales Spektrum zu erweitern. Man könnte sich also fragen, ob ein Klick auf das Icon „Freunde suchen" nicht bedeutet, dass wir einfach arglos durchs Leben gehen und um ein bisschen digitale Aufmerksamkeit betteln.

In Gedanken an unsere Zukunft mache ich dir dieses Geschenk

Bestimmt fragen sich ein paar Leser, was aus Karl und Paula geworden ist, die sich wie ein paar Seiten vorher beschrieben auf der Facebook-Party getroffen haben. Nun, leider haben wir schlechte Nachrichten: Obwohl es mit den beiden bestens lief, war alles mit einem Schlag vorbei, als Karl ihr einen virtuellen Plüschbär schenkte, was, wie Paula unter der Rubrik „Neueste Meldungen" sehen konnte, Karl bereits mit seiner Ex getan hatte. Ziemlich dumm von Karl, da er unter der Rubrik „Geschenke" wie in einem virtuellen Geschäft eine Menge anderer Dinge hätte finden können ... Dinge, die unverkennbar dazu gedacht sind, sie einem lieben Menschen zu schenken.

Darüber hinaus muss man sich fragen, wie ein wirklich geliebter Mensch es aufnimmt, wenn wir, anstatt irgendwohin zu gehen und als Zeichen unserer Zuneigung ein bisschen Geld auszugeben, ihm eine Schachtel virtueller Bonbons schicken, die man weder anfassen noch lutschen kann.

Es stimmt schon, dass es bei einer wahrhaftigen Freundschaft weder um Geld noch um Geschenke geht. Aber wir sollten auch nicht darauf reinfallen und denken, dass sich jemand besonders geschmeichelt und aufrichtig geliebt fühlt, wenn wir ihm sagen: „Ich schenke dir ein jpg. mit der Jason-Maske, weil ich auf keinen Fall möchte, dass die schlechte Verarbeitung unsere Freundschaft beeinträchtigt."

An all die Jason Vorhees (*Freitag, der 13.*) dort draußen: Es scheint schwieriger zu sein, mit einem Facebook-Profil ohne Foto Freundschaften zu schließen. Zugegeben: Ein großer „Freundes"kreis ist gut fürs Ego. Deshalb tragen viele User die Facebook-Maske.

Etwas Ähnliches wie mit den virtuellen Geschenken geschieht auch mit der Anwendung „Umarmungen". Vielleicht ist diese Anwendung sogar noch schlimmer.

Wenn wir gerade knapp bei Kasse sind und wirklich jemandem mehr als ein Pixelquadrat mit zwei siamesischen Pinguinen schenken wollen, sollte uns nichts und niemand daran hindern, unsere Zuneigung durch eine feste Umarmung zum Ausdruck zu bringen.

Wenn wir davon ausgehen, dass „wirkliche" Umarmungen Beziehungen von größerer Wichtigkeit vorbehalten werden, gibt es jedoch keine Pflicht zu umarmen. Eine virtuelle Umarmung kann leicht „getätigt" werden und ist in manchen Fällen vielleicht Ausdruck des Wunsches nach einer echten Umarmung von jemandem, dem es im wahren Leben bestimmt nie gelingen wird, das begehrte Wesen zu umarmen.

Weißt du, was du mit einem Finger alles machen kannst?

Wenn du dir dieses Buch in der Erwartung geliehen oder gekauft hast, endlich herauszufinden, was „Anstupser" bedeutet, dann solltest du dich von deiner Erwartung verabschieden. Wir wollen uns die Frage aber trotzdem stellen. Bedeutet es etwa, dass dir ein Freund auf die Schulter tippen möchte, um zu fragen, ob hier der Bus in die Innenstadt vorbeifährt? Weil der Autor dieses Buches die Antwort nicht kennt, hat er eine kleine Umfrage gemacht, um das herauszufinden:

„Was bedeutet es, wenn ein Freund auf Facebook
auf „Anstupser" klickt?"
- 15 % Dass er sich gerade einen Popel aus der Nase geholt hat.
- 25 % Dass er den „Anstupser" mit einer Klingel verwechselt hat.
- 25 % Dass er den „Anstupser" mit der Spültaste der Toilette verwechselt hat.
- 32 % Das ist Blödsinn, lass mich in Ruhe.
- 3 % Ich weiß nicht. / Ich verstehe nicht.

Die richtige Antwort lautet: Unter dem Punkt „Anstupser" kannst du sehen, wer mit dir in Kontakt treten möchte.

 **Fame!**

Diejenigen, die es sind, behaupten, berühmt sein sei nicht leicht, und wir, die es nicht sind, glauben ihnen nicht. Aber Facebook zeigt, dass unsere Promis recht haben.

Die Stars haben ihre Bekanntheit nicht nur dem Publikum zu verdanken, denn um berühmt zu werden, muss man schon arbeitswütig *und* besessen sein. Ist das der Grund dafür, dass berühmte Leute so viele verschiedene Konten haben?

Fame!

Je mehr man in der Öffentlichkeit steht,
desto häufiger wird man Opfer von Fake-Accounts!

Schauen wir uns Beispiele an:

Albert Einstein	100+ Konten
Beyoncé Knowles	100+ Konten
Bill Gates	100+ Konten
Homer Simpson	100+ Konten
Lukas Podolski	100+ Konten
Mesut Özil	100+ Konten
Steve Jobs	100+ Konten
Jessica Alba	56 Konten
Michael Schumacher	35 Konten
Don Johnson	29 Konten
Robbie Williams	26 Konten
Kate Winslet	25 Konten
Vince Vaughn	24 Konten
David Beckham	23 Konten
Julia Roberts	23 Konten
Lou Bega	23 Konten
Madonna	20 Konten
Shakira	17 Konten
Matthew Perry	12 Konten
Roland Emmerich	8 Konten
Helmut Kohl	8 Konten
Arnold Schwarzenegger	7 Konten
Claudia Schiffer	7 Konten
Per Mertesacker	5 Konten
Bruce Springsteen	5 Konten
Menowin Fröhlich	4 Konten
Dieter Bohlen	3 Konten
Heidi Klum	3 Konten
Thomas Müller	3 Konten
Helge Schneider	2 Konten

Unglaublich, oder? Wozu so viele Konten? Ah, bestimmt, weil sie so berühmt sind, und jeden Moment kann das mit der begrenzten Zahl von Freunden wieder eingeführt werden ... Wie schaffen sie es, sich noch um ihr Business zu kümmern, ihre Programme zu moderieren und dann noch Zeit zu haben, sich um ihr Konto zu kümmern? Ich habe sie immer als Freunde hinzugefügt, und sie haben es jedes Mal bestätigt. Ist das das Werk von ein paar ganz Ausgebufften, die sich auf Kosten naiver Leuten amüsieren? Na gut, es gibt eine Menge Nachrichten, die ein wenig merkwürdig, skurril oder sogar grotesk sind, aber wenn man mit solchen Persönlichkeiten spricht, fangen die Nerven eben an zu flattern. Willst du womöglich andeuten, dass sie gar nicht die sind, die sie vorgeben zu sein? Unmöglich. Unmöglich.

> Da sich viele Nutzer mit bekannten Namen anmelden, hat Facebook einen Filter eingebaut, der nicht jeden Namen zulässt. Dieses wurde Hiroko Yoda zum Verhängnis. Yoda ist in Japan kein seltener Name. Trotzdem wurde dieser von Facebook ausgefiltert, da sich wohl zu viele Leute für den Jedi-Meister hielten. Mittlerweile konnte Hiroko aber ihren Account erstellen.

Nein ... nein ... sei nicht so verbohrt. Wieso sollten andere in ihre Rolle schlüpfen und sich als diese ausgeben? Wie kann man nur so schlecht denken? Als ich Robbie Williams gefragt habe, ob er wirklich Robbie Williams ist, hat er mit Ja geantwortet. Du sagst das doch nur aus Neid, weil er nicht dein Freund ist. Stimmt's?

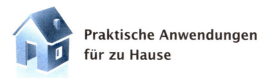

Praktische Anwendungen für zu Hause

Zu Beginn haben wir nach der Nützlichkeit von Facebook gefragt. Unabhängig von den Hypothesen, die wir geprüft haben, steht ein Teil der Bevölkerung Facebook bestimmt ablehnend gegenüber, weil er sich mit keinem der angeblichen Vorteile anfreunden kann.

Der Grund dafür? Die wenigsten gehen auf Facebook, um eine nützliche, inhaltlich interessante Kommunikation mit anderen zu beginnen. Die meisten besuchen Facebook zum Spaß, verschicken Einladungen zum Spielen, machen Tests oder Umfragen. Die meisten verschenken Bärchen oder Hündchen und äußern ihre Meinung über andere Nutzer.

Angenommen, es gehe auf Facebook um Popularität: Um herauszufinden und zu definieren, wer die Anwendungen am meisten nutzt, könnte man folgende „Formel" formulieren: „Die Anzahl der Anwendungen auf Facebook, die eine einzelne Person nutzt, ist direkt proportional zu ihrer Unsicherheit."

Bestimmt hebt jetzt einer einen anklagenden Finger, um böse Absichten bei der Wahl der Beispiele zu unterstellen. Zu unserer Entlastung können wir anführen, dass die genannten Anwendungen laut Facebook „die beliebtesten sind". Falls du an irgendeine gedacht hast, die dir auch nur irgendwie nützlich erscheint ... dann vergiss es. Stattdessen kann man Mitglied in einer Gruppe werden wie: „Ich hasse das Summen einer Mücke an meinem Ohr!" Oder: „Ich liebe Benzingeruch."

Etwas Ähnliches geschieht mit den Fanseiten, die größtenteils Künstlern, bestimmten Orten oder Aktivitäten vorbehalten sind. Wie schon erwähnt, gibt es Hinweise auf solche Gruppen, die meistens auf der rechten Seite des Bildschirms auftauchen und dazu auffordern, mit einem kleinen, erläuternden Text Fan zu werden.

Beispielsweise kann man sich einer Gruppe anschließen, die sich der *Aktivität des Schlafens* widmet. Ist uns das etwa fremd? Ist „Schlafen" eine exotische Angelegenheit oder extravagante Beschäftigung, über die man einfach nicht genug weiß? Vielleicht ist es ja auch eine verschlüsselte Nachricht hinter den Anführungszeichen, die andeutet, dass „schlafen" nicht das ist, wofür wir es halten. Sowohl die Gruppen als auch die Fanseiten* beherbergen ein paar Merkwürdigkeiten, nicht nur, was die Themen betrifft, sondern auch die Aufteilung in Kategorien, die sie klassifizieren. Kategorien wie „Kunst und Unterhaltung" und „Musik" sind hierbei getrennt. Wenn eine Gruppe also „Musik" zugeordnet ist, bedeutet das, dass sie nicht zu „Kunst und Unterhaltung" gehört.

* Anm. d. Übersetzerin: Der Begriff „Fanseiten" wurde inzwischen durch „Gefällt mir" ersetzt.

>
>
> **Die merkwürdige Kategorisierung auf Facebook zeigt sich z.B. auch in der angebotenen Länderstruktur:**
> - Vereinigte Staaten
> - Kanada
> - Großbritannien
> - Australien
> - Andere Länder
>
> **Oder in den unterschiedlichen Alterskategorien:**
> - Alle (13+)
> - Älter als 17
> - Älter als 18
> - Älter als 19
> - Älter als 21
> - Legales Alter für Alkoholkonsum
>
> **Außerdem kommt es vor, dass man vier (!) Möglichkeiten bekommt, sein Geschlecht auszuwählen:**
> - Männlich
> - Weiblich
> - Neutral
> - Plural

Das heißt, eine Seite kann zum Beispiel einem „neutralen" Kanadier von 19 Jahren gehören. Was soll uns das sagen? Wenn ich diese Frage beantworten könnte, würde ich, anstatt dieses Buch zu schreiben, durch die Weltgeschichte reisen und Vorträge über Quantenphysik halten.

Teil II – Eine Autopsie von Facebook

Sollen wir ein paar Umfragen durchführen?

Am Beginn des Buches haben wir darauf hingewiesen, dass nach Berechnungen von Mark Zuckerberg, dem Gründervater von Facebook, das soziale Netzwerk an fünfter Stelle stünde, was die Bevölkerungszahl angeht, wäre es ein Land. Ein ungewöhnliches Land mit besonderen Menschen und seltsamen Sitten und Gebräuchen. Zum Beispiel keinen Sex zu haben (es gibt keine Anwendung, die mehr zulässt, als eine Umarmung oder einen Kuss zu „verschicken") oder zu heiraten oder sich scheiden zu lassen, indem man einfach Klick macht. Eine andere, weitverbreitete Gewohnheit unter den Bewohnern von Facebook-Land ist, wenn möglich jeden Test mitzumachen – etwas, das man im wirklichen Leben nicht spontan tun würde, außer du liest die *Cosmopolitan*, von deren Umfragen du begeistert bist.

Im Kastensystem dieses virtuellen Landes wird man in den Adelsstand erhoben, wenn man so unglaubwürdige Tests macht wie:

„Was für ein Ozean bist du?"
Das Meer ist überall dasselbe. Aber machen Temperaturen und Strömungen den Unterschied?

Welchen der folgenden Gegenstände würdest du kaufen, ohne auf den Preis zu achten?
- Das letzte Stockwerk des höchsten Wolkenkratzers
- Den besten Weltraumsatelliten einschließlich GPS
- Das älteste Buch der Welt
- Den ältesten buddhistischen Talisman
- Den leistungsstärksten PC der Welt

Sollen wir ein paar Umfragen machen?

Welche von den folgenden historischen Figuren würdest du zu deinem Vorbild wählen?
- Bill Gates
- Marylin Monroe
- Albert Einstein
- Picasso

Ein guter Freund bittet dich um einen Gefallen, der dich in einen moralischen Konflikt stürzt. Was tust du?
- Du lehnst ab und erklärst ihm, warum.
- Du überlegst es dir und stellst ihm die notwendigen Fragen, um eine kühl überlegte Entscheidung zu treffen.
- Du lehnst ab unter dem erstbesten Vorwand, der dir einfällt.
- Du sagst ohne lange nachzudenken zu.
- Du wägst die Risiken ab und bittest ihn im Gegenzug um einen größeren Gefallen.

Du wirst mit einem Teamprojekt beauftragt, um in deiner Stadt/deinem Viertel ein paar Dinge zu verbessern. Wie verhältst du dich bei den Treffen?
- Du sagst, was du denkst, und machst eine Liste der notwendigen Maßnahmen.
- Du befragst die einzelnen Mitglieder und übernimmst die Diskussionsleitung.
- Du fängst verschiedene Unterhaltungen an und verzettelst dich.
- Du hörst niemandem zu und machst dein eigenes Ding.
- Du hörst dir die Meinungen der anderen an.

*Die klassische philosophische Frage:
Ist das Glas halb voll oder halb leer?*
- Fifty-fifty
- Es ist voller als leerer
- Halb leer
- Halb voll
- Es ist eher leer als voll

Mein Ergebnis – das war vorauszusehen – war: „Der pazifische Ozean." Doch da ist noch etwas, lest aufmerksam: „Der stille Ozean ist das größte Meer der Welt. Sein Name kommt aus dem Lateinischen von ‚Mare Pacificum', was ‚Friedliches Meer' bedeutet, wie es der portugiesische Seefahrer Ferdinand Magellan beschrieb. Jemand, der mit dem pazifischen Ozean verglichen wird, sei stets auf der Suche nach innerem Frieden und einem ausgeglichenen Leben."

Ich möchte hier anmerken, dass ich mich trotz des Tests nicht nur nicht wie ein Ozean fühle, sondern auch nie auf der Suche nach innerem Frieden bin. Es wäre toll, aber ich bin nicht so naiv zu glauben, dass mir das gelingen würde bei den Dingen, die ich tue.

Außerdem sei ich diplomatisch. Jedoch kann jeder, der das Buch gelesen hat oder mich kennt, feststellen, dass das der letzte Begriff im Universum ist, mit dem man mich charakterisieren könnte. Ich vermeide Konflikte nicht nur nicht, sondern beschwöre sie geradezu mit Vorliebe herauf.

Den Test selbst will ich lieber nicht genauer unter die Lupe nehmen, auch wenn ich natürlich gerne erfahren würde, was für ein Ozean eine Person ist, die sich den leistungsstärksten PC der Welt kaufen würde, Bill Gates zum Vorbild hat und denkt, dass das Glas halb leer ist.

Zugriff erlauben?

Es stimmt, dass es Menschen gibt, die von Einladungen zu Gruppen, Tests und Applikationen nichts wissen wollen. Doch wie es auch im normalen Leben passiert, lässt man sich über kurz oder lang durch Hartnäckigkeit anderer, Erschöpfung und Neugier breitschlagen.

Es gibt so viele unterschiedliche und variationsreiche Applikationen, dass einen irgendwann einfach die Neugier packt. Ein gutes Beispiel ist ein Schriftsteller, der sich einbildet, nur wenige Rechtschreibfehler zu machen. Gegenüber den „Freunden" mit dieser Fertigkeit ein wenig aufzutrumpfen und zumindest 15 Sekunden Bewunderung zu erringen, ist einfach unwiderstehlich. Wenn man also sieht, dass ein „Freund" die sogenannte „Rechtschreibprüfung" gemacht hat, zögert er nicht und stürzt sich ebenfalls darauf, um zu sehen, aus welchem Holz er geschnitzt ist.

Ähnlich dem Appstore von *Apple* gibt es Zigtausende Anwendungen, mit mehr oder weniger großem Nutzen. Im Gegensatz zu den *Apple*-Produkten helfen die Facebook-Anwendungen dabei, nur noch mehr Daten zu erfassen.

Natürlich haben bei Facebook die Dinge ihre Besonderheiten; wenn man also den verdammten Test machen will, um damit zu glänzen, geht plötzlich ein Fenster auf, in dem steht: „Wenn du der Rechtschreibprüfung den Zugriff erlaubst, kann diese Anwendung auf deine Profilinformationen, Fotos, Informationen über deine Freunde und weitere Inhalte, die sie benötigt, um zu funktionieren, zugreifen."

Zulassen oder Anwendung verlassen?

Der Zugriff auf persönliche Daten ermöglicht Anbietern, Informationen über den Nutzer zu sammeln. Das mag im Einzelfall nicht besonders ergiebig und ein Nutzen schwer zu erkennen sein, anhand der großen Masse an Informationen lassen sich aber Gemeinsamkeiten zu anderen Nutzern feststellen und so Nutzerprofile erstellen.

Das führt zu mehreren widersprüchlichen Überlegungen, denn einerseits ist man verunsichert. Nicht aus Angst, den Test nicht zu bestehen. Aber jedes Mal, wenn man eine Anwendung zulässt, sagt Facebook, dass dadurch auf „Profilinformationen", „Fotos" und „Informationen über deine Freunde" zugegriffen werden kann und, als Letztes, auf „weitere Inhalte, die die Anwendung benötigt, um zu funktionieren".

Stirb nie!

Eine andere verblüffende Eigenschaft von Facebook ist, dass die Website es uns zwar erlaubt, praktisch alles, was unser Beziehungs- und soziales Leben angeht, zu protokollieren, aber nicht die Möglichkeit besteht, einen Nutzer als „verstorben" anzuzeigen.

Da es aber Fälle von öffentlichen Trauerbekundungen und Beileidsschreiben gab, die die Profile verstorbener Personen füllten, machte Facebook deutlich, dass seine Politik sei, das betreffende Profil einen Monat nach dem Todesfall zu löschen, um zu vermeiden, dass es sich in eine Art öffentlicher Grabstätte verwandelt. Doch wieder musste Facebook den Beschwerden der Nutzer klein beigeben und den Profilen einen „Gedenkstatus" geben.

Mit der Zeit wird man feststellen können, ob Facebook damit Aspekten des Marketing gehorchen wollte (bestimmte Themen auszuklammern, die negative Gefühle auslösen können), ob es die richtige Entscheidung getroffen hat (ein paar Familien sagen, dass die Profile ihnen eine Ort bieten, der es ihnen erlaubt, dem geliebten Verstorbenen aktiver zu gedenken, eine Art leicht zugänglicher Friedhof, der ihnen hilft, den Schmerz zu überwinden) oder ob es eine Möglichkeit anbieten sollte, dass das Profil von Familienmitgliedern oder Freunden gelöscht werden kann.

Aber was passiert mit denen, die nicht warten wollen, bis das Schicksal auf die Taste „Leben löschen" drückt und aus eigener Initiative aus Facebook verschwinden wollen? Früher gestattete Facebook seinen Nutzern lediglich, ihre Konten zu deaktivieren, sodass das Profil weiter sichtbar blieb. Das bedeutete aber nicht, dass die Informationen gelöscht wurden, sondern im Gegenteil auf den Servern gespeichert blieben, verfügbar für Facebook, aber für die Nutzer nicht zugänglich.

Facebook bestätigte sogar offiziell, dass, wenn die Nutzer ihre Konten leeren wollten, sie manuell sämtliche Inhalte löschen müssten, einschließlich Artikel und Kontakte auf der Pinnwand, Freunde, Nachrichten und Gruppen.

Der enorme Aufwand, den das bedeutet, hat die Leute davon abgehalten, es zu tun, weshalb Facebook im Februar 2008 – nachdem Gruppen, die für die Einhaltung der Privatsphäre kämpfen, Druck ausgeübt hatten – seine Politik änderte, was die Löschung von Konten angeht. Den Nutzern ist nun erlaubt, nach vorheriger schriftlicher Aufforderung die vollständige Löschung der Daten zu verlangen.

Das heißt, seine Daten zu löschen ist so kompliziert, dass man am liebsten sterben möchte, um in einem nächsten Leben ein schlauerer Nutzer zu sein.

Verdammtes Facebook, die Bullen kommen!

Etwas Ähnliches wie der Titel muss der Marrokaner Fouad Mourtada gedacht haben, der verhaftet wurde, weil er unter dem Namen von Moulay Rachid Prinz von Marroko ein Profil bei Facebook erstellte. Er hielt es wohl für einen originellen Einfall. Er ist jedoch nicht der Einzige, der dank Facebook verhaftet werden konnte. Am 14. Januar 2009 erschien folgende Mitteilung auf der Internetseite der britischen Zeitung *The Guardian*:

Dank Facebook konnte in Neuseeland ein Dieb gefasst werden
Die örtliche Polizei verbreitete in dem sozialen Netz ein Video des jungen Mannes, wie er einen Lebensmittelladen überfällt. Nutzer halfen bei der Identifizierung und Festnahme.

Mit der Unterstützung des sozialen Netzwerks Facebook wurde ein Dieb von der Polizei in Neuseeland gefasst. Die Festnahme fand statt, nachdem die Polizei auf der Seite von Facebook ein Video und Fotos des jungen Mannes verbreitet hatte, während dieser erfolglos versuchte, den Safe in einem Lebensmittelgeschäft in Queenstown auf der Südinsel des Landes zu knacken.

Das ist also wirklich kein Witz. Bei Facebook muss man wirklich aufpassen, sonst landet man noch im Knast.

Teil III

Was kommen wird
Ein Blick in die Zukunft

Ein Film über Facebook, Marktgigant Facebook übertrifft *Google* und *Microsoft*, Facebook hat das Potenzial zur Monopolstellung – wenn es weiterhin den Nerv der Zeit trifft und die Nutzer „mitgehen". Die Zukunft ist virtuell – go with It!

Teil III

Was kommen wird
Ein Blick in die Zukunft

Hollywood, weites Land

Irgendwann im zweiten Jahrzehnt des 21. Jahrhunderts führt ein Mädchen von Anfang 20 möglicherweise diesen Dialog mit ihrem Freund:

Sie: „Wir sind schon lange nicht mehr ausgegangen, oder? Immer schauen wir uns Filme an oder spielen mit der *Playstation 3*, bestellen Essen … Sollten wir nicht mal wieder in ein richtiges Kino gehen?"
Er: „Ja, das wäre gut … warte, ich schau mal nach, welche Filme laufen. Mal sehen. Im *Cinecomplex 82* läuft *Shrek V*."
Sie: „Nein, ich habe keine Lust auf einen Animationsfilm."
Er: „Und wenn wir uns den Facebook-Film anschauen?"
Sie: „Spinnst du?"
Er: „Was ist denn, ich dachte, du würdest ihn sehen wollen. Immerhin haben wir uns durch Facebook kennengelernt. Stell dir vor, das Werkzeug ‚Personen, die du vielleicht kennst' hätte nicht gefruchtet, und wenn ich dich danach nicht ‚angestupst' hätte, wären wir heute …"

Sie: „Sei ruhig, erinnere mich nicht daran, dass die virtuellen Bonbons das Einzige sind, was du mir geschenkt hast, seit wir zusammen sind."
Er: „Okay. Also gehen wir nun ins Kino oder nicht?"
Sie: „Ja, gehen wir."
Er: „Okay, dann gib mir eine Sekunde, ich schick dir als Geschenk ein virtuelles Popcorn …"

Mal ehrlich: Hoffentlich wird eine solche Szene niemals wirklich stattfinden. Aber da die Wirklichkeit die Fiktion immer übertrifft und es eine Sache ist, die unser Vorstellungsvermögen sprengt, gibt es tatsächlich Leute bei Sony Pictures, die zur allgemeinen Verwunderung bestätigt haben, dass das Studio an einem Vorlauf zu einem Spielfilm über die Entstehung von Facebook arbeitet, der in Zukunft an einem Samstagnachmittag auf irgendeinem Fernsehkanal gezeigt werden soll.

Schaut man genauer hinter die Kulissen heutiger Computermessen und Game Conventions, dann laufen „Gespräche" oft genau so ab.

Auch wenn wir nicht begreifen, was Facebook hat, um daraus einen spannenden und gefühlvollen Film zu machen, wird er hoffentlich ein Kritiker- und Verkaufserfolg, sodass wir bald an den Kinoplakatwänden sehen können: „Facebook 2: Die Mission", „Facebook 3: Die Rückkehr", „Facebook 4: Weltraummission", „Facebook 5: Zurück in Vietnam" und, warum nicht, „Not another Facebook Movie" von Leslie Nielsen.

Ich sehe was, ich sehe was … was siehst du denn? Eine bunte, bunte Zukunft (Rosa oder Schwarz)

Wenn man über die Zukunft von Facebook nachdenkt, lassen sich zwei mögliche Szenarien vorstellen:

1) Dass Facebook sich über formale Änderungen hinaus nicht fortentwickelt und wie jede Mode irgendwann verschwindet und – wie die Papierabzüge von Fotos – Bestandteil der bereits erwähnten Kettenmail wird, die in ein paar Jahren herumgeschickt werden wird, in der steht: „Wenn du im ersten Jahrzehnt des 21. Jahrhunderts aufgewachsen bist, erinnerst du dich vielleicht noch …"
2) Dass Facebook seine Hausaufgaben macht und auf kürzestem Weg zu einem der absoluten Herrscher im Netz wird und dieses monopolisiert.

Es stimmt, dass Facebook im Moment nicht mehr als ein soziales Netzwerk ist und als solches nichts Neues erfunden hat, da es im Grunde die gleichen Möglichkeiten bietet wie seine Konkurrenten.

Es stimmt auch, dass es sich einer erstaunlichen und mit den anderen Netzen wie *Myspace*, *Hi5* oder *Sonico* nicht zu vergleichenden Beliebtheit erfreut, was Facebook eine starke Marktposition einräumt und was es Giganten wie *Google* und *Microsoft* mit viel ehrgeizigeren Zukunftsplänen überwinden lässt.

Wie würde das in der Praxis aussehen?

Wir erklären es Stück für Stück: Auch wenn es gegenwärtig ein paar Indizien in der Netzwelt gibt, die bestimmt hilfreich bei einer Einschätzung sind, ist eine Vorhersage darüber, wie sich soziale Netzwerke – allen voran Facebook – entwickeln werden, keine einfache Aufgabe.

Abgesehen von der Ungewissheit, die durch die kontinuierlichen und raschen Veränderungen entstehen (zwischen dem Schreiben dieses Buchs und seinem Druck hat Facebook wahrscheinlich seine Gestaltung und die Nutzerbedingungen acht Mal geändert), gibt es doch eine Gewissheit: Wenn es sich weiterhin einer guten Gesundheit erfreuen möchte, ist das Erste, was es tun müsste, „bestimmte Sünden" zu unterlassen, die ihm zur Last gelegt werden.

> Rom wurde auch nicht an einem Tag erbaut und steht heute auf sieben Hügeln: Wenn Facebook irgendwann sein Potenzial zur Monopolstellung ausgeschöpft hat, kann es durch weitere Standbeine durchaus ein dauerhaftes und mächtiges Tool im Web 2.0 bleiben.

Facebook wird dies sicher tun, da es eine ziemlich defensive Politik betreibt, wenn es um Kritik von Seiten der Nutzer geht. Weit davon entfernt, das für nachteilig zu halten, wird es doch dazu führen, dass die Nutzer nach und nach die von Facebook auferlegten Grenzen verschieben und sein Konzept in großen Linien personalisieren und an die eigenen Bedürfnisse anpassen. So lange, bis es einen viel vertrauteren, alltäglicheren und realeren Auftritt hat, und wo das Ausklammern von Themen aus dem wirklichen Leben wie Drogen, Sex und stillende Mütter nicht mehr tragbar sein wird, wie das heute noch der Fall ist.

Facebooks Zukunft hängt aber nicht nur von der Weiterentwicklung seines eigenen Potenzials und dem „verbesserten Service" für seine Nutzer ab. Es ist immer auch eine Wechselbeziehung zwischen Anbieter, Technologie und Nutzer, die, geschickt verknüpft, den dauerhaften Erfolg garantieren.

Ein paar Tendenzen scheinen jedoch solide genug zu sein, um die Hypothese auszusprechen, dass Facebook auf dem Weg ist, sich in etwas Ähnliches wie ein operatives System zu verwandeln. Man sieht das zum Beispiel schon an Anwendungen, die es erlauben, Facebook vom Desktop aus zu bedienen, wie Facebook Desktop, ein Programm, das Aktualisierungen des Nutzerprofils sowie von Neuigkeiten, das „Anstupsen" und Freundschaftsanfragen ermöglicht. Das heißt, dass es nicht mehr lange dauern wird, bis Facebook keine Website mehr ist und sich auf dem Desktop installieren lässt – sowohl auf dem PC als auch auf dem Handy. Der Nutzer wird immer stärker mit Beschlag belegt und seine Aufmerksamkeit gefordert. Ein schlauer Schachzug von Facebook, auch wenn die Applikation noch nicht existiert.

Denken wir einmal an die Zukunft und sehen uns dazu die Gegenwart an: Unbestreitbar ist die Tendenz, Informationen an einem fremden Ort abzulegen – was zum Beispiel jeder tut, der einen Dienst mit hoher Speicherkapazität wie Gmail und Hotmail nutzt, bei denen manche sogar ihre Backups deponieren.

Facebook ist momentan nur im Fotobereich stark präsent. Allerdings ist es noch kein ernst zu nehmender Konkurrent für Anbieter wie *Picasa* (von *Google*) oder *Flickr* (von *Yahoo!*), die eine Suchfunktion haben.

Eine wichtige Rolle spielt dabei auch die Hardware, mit der wir täglich umgehen und die immer stärker zu tragbaren und ortsungebundenen Modellen tendiert, mit denen man sich jederzeit überall einloggen kann. Heißt das, dass der heimische PC mit Tastatur und Monitor verschwinden wird? Nein, das wohl nicht. Doch wird innerhalb weniger Jahre der PC zu Hause die gleiche Bedeutung haben wie das Festnetztelefon, das gegenüber dem Mobiltelefon rasend schnell an Bedeutung verloren hat. Es wird den PC also morgen noch immer geben, aber es wird nicht das Medium sein, das wir am meisten benutzen. Das wird das Mobiltelefon sein.

Wenn wir diese beiden letzten Aspekte kombinieren, können wir voraussagen, dass die technologische Zukunft aus tragbaren Geräten bestehen wird, die ihre Daten und Applikationen auf externen Servern ablegen.

Die Zukunft ist auch nicht mehr das, was sie einmal war

Obwohl Bill Gates in der Vergangenheit im Bereich Informatik nicht gerade großer Respekt zu zollen ist – im kommerziellen schon –, sagte er bereits vor zehn Jahren voraus, dass Daten extern gespeichert würden, allerdings ohne Gehör zu finden. Durch die immer schnelleren Internetverbindungen gewann diese Idee allerdings wieder an Bedeutung, und seine Prophezeiung, dass die Festplatten nach und nach verschwinden und durch Online-Speichersysteme von Daten und Applikationen ersetzt würden, erfüllt sich.

Um die riesige Datenflut mit verhältnismäßig geringer Qualität des Web 2.0 zu bewältigen, wird das Web 3.0 Daten mit Semantik verbinden. Die Semantik wird als intelligentes Bindeglied zwischen Diensten, Inhalten und Nutzern fungieren. Konzepte, Dinge und Informationen werden so miteinander in Beziehung gebracht. Die Weiterentwicklung wird also nicht neue Inhalte mit sich bringen – davon gibt es bereits genug –, sondern diese für den Nutzer leichter auffindbar machen.

Auch wenn die Menschen ihre alten und sperrigen Fotoalben durch Webdienstleistungsportale für digitale und digitalisierte Bilder wie *Flickr* oder *Picasa* ersetzt haben, hat sich diese Tendenz jedoch noch nicht durchgesetzt. Einerseits wohl aus Angst davor, dass durch einen Schaden die Daten verloren gehen könnten, andererseits wegen bestehenden Misstrauens, was die Privatsphäre betrifft.

Was dieses Thema angeht, müssen wir Bill wahrscheinlich recht geben, denn es ist kaum zu leugnen, dass trotz der immer größer werdenden Festplatten diese immer noch nicht genügen. Darüber hinaus ist es auch viel praktischer, von überall her auf „unseren" Computer zugreifen zu können, ohne ihn mit sich herumtragen zu müssen. Im Moment übernehmen das die sogenannten Smartphones wie *BlackBerry* oder *iPhone*. Dies entspricht dem Zugriff auf unser Bankkonto durch eine Magnetkarte, mit der wir jeden Bankautomaten der Welt benutzen können.

Und welche Rolle spielt Facebook bei dem Ganzen?

Wenn wir uns Facebook einen Moment lang vorbehaltlos anschauen, können wir feststellen, dass es mehr ist als eine Seite oder ein soziales Netz, das „es dir ermöglicht, mit den Menschen in deinem Leben in Verbindung zu treten und Inhalte mit diesen zu teilen". Es ist beinahe ein operatives System, das den traditionellen und etablierten Playern auf dem Markt wie *Google* und *Microsoft* Paroli bietet. Ziemlich primitiv, aber eben doch ein operatives System: mit seiner komplizierten und langsamen Plattform zum Ablegen von Fotos und Videos, seinem trägen Chat-Fenster (in das man keine Audio- oder Videodateien integrieren kann), mit seiner Mail (über die man, obwohl man keinen Anhang verschicken kann, der nicht bereits auf Facebook liegt, Nachrichten nicht nur an registrierte Nutzer, sondern an jede Adresse verschicken kann), mit seinen Tausenden von überflüssigen (und im Grunde nutzlosen) Applikationen im Sinne einer produktiven Nutzung.

All diese Dienstleistungen bieten weder Vorteile noch eine vereinfachte Nutzung. Wenn Mark Zuckerberg seine Hausaufgaben macht – die Applikationen, die es heute gibt, sind brauchbar zum Testen und Experimentieren –, werden sie sich verbessern, bis wir eines Tages Facebook nicht mehr verlassen müssen, um einen Text in einem Prozessor zu schreiben und ihn in unserer Ablage zu speichern, wie wir es heute mit Word und der Festplatte unseres Computers tun.

> **Interessante Apps**
> Dazu gehört z.B. der Social Calender. Dieser ermöglicht auf komfortable Weise das Verwalten von Terminen unter Einbeziehung seiner Kontakte. Eine weitere, sehr begehrte App ist *FarmVille*. In diesem Spiel versucht der Spieler, seine eigene Farm möglichst erfolgreich zu bewirtschaften. Unter Facebook-Nutzern ist diese App sehr weit verbreitet.

An diesem Tag werden Sie Facebook bestimmt als eine Website mit größerem Bezug zur Realität wahrnehmen. Mit Menschen, die sterben. Mit Menschen, die Dinge sagen wie „Ich möchte nicht mehr als vier Freunde haben", und dass das ganz normal sein wird.

Und welche Rolle spielt Facebook bei dem Ganzen?

Der Tag, an dem du Facebook auf deinem *iPhone*, *BlackBerry* oder deinem Lieblings-Smartphone öffnest, dabei die Startmelodie von *Mac OS* oder *Windows* hörst und dir alle denkbaren Funktionen, wie E-Mail, Videochat, Taschenrechner, sämtliche Office-Programme allein mit dem Öffnen von Facebook zur Verfügung stehen – dieser Tag wird kommen! Freu dich drauf – Vorfreude ist bekanntlich die schönste – auf die supervernetzte Facebook-Welt der Zukunft!

Ja, ich meine dich, mein Freund.

Entschuldige, mein „Freund".

Anhang

Über den Autor

Juan Faerman, 1970 in Buenos Aires geboren, ist Schriftsteller, Drehbuchautor für Radio und Fernsehen und Kreativdirektor einer Werbeagentur. Seit 2007 schreibt er für die Zeitschrift NAH! Zudem unterhält er seit 2005 seinen eigenen blog: www.blogudo.com.ar 2008 erschien sein erstes Buch mit humoristischen Erzählungen „36° edición !!! 200.000 ejemplares vendidos!!! Y otros cuentos breves". „Faceboom, El nuevo fenómeno de masas Facebook" ist sein zweites Buch.

Pressestimmen

„Während Soziologen und Marktforscher nach psychologisch oder wissenschaftlich fundierten Theorien für den Erfolg des sozialen Netzwerks Facebook suchen, nähert sich der argentinische Schriftsteller, Werbefachmann und Drehbuchautor Juan Faerman in seinem neusten Buch „Faceboom" dem Phänomen mit Humor, Ironie und satirischer Verve."
La Nación

„Ironisches und allzu Menschliches für jeden Leser, mit oder ohne Account."
TERRA

„Der Argentinier Juan Faerman analysiert in „Faceboom" humorvoll die Funktionsmechanismen des beliebten sozialen Netzwerks und das Verhalten seiner User, das in vielen Fällen durchaus als pathologisch bezeichnet werden kann."
EMOL

Register

Account 21, 32, 79, 97, 105, 123f.
Aigner, Ilse 32
Alibi 77, 97
Anarchie 78
Anonymität 76
Anstupsen 121f., 138, 142
Apple 131
Applikation/App 52, 116, 131, 142ff., 146
Aristoteles 15
Autorität 78
Avatar 37
Big Brother 16, 21, 103
BlackBerry 65, 145, 147
Blog 22, 25, 39, 44ff., 63, 67, 80, 105, 108
Bonbons, virtuelle 120, 139
Buenos Aires 46, 87
Casting 16
Chat 29, 53, 92, 145
Cumbio (Augustina Vivero) 80f.
Daten 20, 39, 52, 131f., 134, 143f.
Datensicherheit 98
Deaktivieren (Account) 105, 134
Dolina, Alejandro 37
Ehrlichkeit 110
Eigentum, geistiges 23, 99f., 103, 107

E-Mail 29, 34, 82, 105ff., 109
Existenzbedürfnisse 36
Eyecatcher 71
Facebook Beta 43
Facebooking 20
Facebook-Community 11, 16, 20, 27
Falschinformation 20
Familienstand 35
Fan 22, 42f., 46, 79, 115, 126
FarmVille 146
FBI 35
Festnetztelefon 143
Flashback 44
Flickr 143f.
Flogger 80
Fotoalbum 72, 144
Fotolog 39, 44f., 80f.
„Freund" (virtueller) 59, 114, 117f., 120, 131, 147
Freund (echter) 38f., 58
Freundschaft (Konzept) 38ff., 109
Gates, Bill 123, 129f., 144
„Gefällt mir" 26f., 86, 115, 126
Genfer Konvention 99
Gmail 143
Google 43, 118, 137, 140, 143, 145
Grundbedürfnisse 36
Gualda, Diego E. 24
Hotmail 143

151

Register

Icon 25, 119
Iglesias, Valeria 45
Information 16, 24, 32, 35, 39, 43, 55, 58, 65, 77, 87, 96ff., 103, 110, 114, 116, 132, 134, 143f.
Internetzugang 16, 32
iPhone 44, 97, 105, 145, 147
IP-Inhalte 99
IP-Lizenz 99
Köhler, Horst 32
Kommentar 63, 68, 88, 101, 115, 125
Konto 99, 104, 124
Konventionen, gesellschaftliche 58, 76, 99, 110
Kunstwerk 99
Lacanna, Marcelo 97, 108
Lamebook.com 109
Länderrisiko 86
Leben, reales/wirkliches 84, 90f., 101, 119, 121
Lokalisten 65
Löschung, komplette 32, 134
Mac OS 147
Markierungen 75
Martini, virtueller 23, 34
Masse (Menschen/Mainstream) 12ff., 30, 79
Matrix 21, 69
Menschenverstand 19, 58, 76

Microsoft 137, 140, 145
Missbrauch, potenzieller 32
Missgeschicke 109
Mobiltelefon 30, 143
Monopol 137, 140f.
Nachdenken 109
Netzwerk, soziales 25, 33, 59, 63ff., 76, 95, 119, 128, 135, 140f., 145
Nintendo-Konsole Wii 44
„Notizen" 96
Nutzertypus 28f.
Obama, Barack 20, 31
Original 23
PC 142f.
Picasa 143f.
Pinnwand 48, 51, 94f., 101f., 104, 106f., 134, 142
Plagiate 20 ,23
Playstation 44, 53, 138
Privatsphäre 79, 97, 99, 103ff., 134, 144
Profil 18, 20f., 30, 33, 35, 47, 70, 72, 79, 97f., 104, 120, 132ff., 142
Profile, falsche 20, 123
Profilfoto/Profilbild 60f., 68, 70f., 74
Realität 24, 77, 146
Realität, virtuelle 24, 37
Regeln, unausgesprochene 111

Register

Registrierung	20, 99	Umarmung	116, 120f., 128
Richtlinien	99	Urheberrecht	99f., 103, 107
Sarkasmus	15, 56, 75	Verfassung	99
Sarkozy, Nicolas	31, 115	Verwechslungen	109
Schöpfer (eines Kunstwerks)	99	Videochat	147
Second Life	16	Virtualität	21, 23f., 26, 30ff., 37, 40, 48, 53, 57f., 67, 78ff., 83, 128, 134, 139
Selbstdarstellung	45, 74		
Selbstverwirklichung	36		
Semantik	144	Voyeurismus	74
Server	97, 101, 105, 134, 143	Wachstum	22f.
Sicherheit	36	Warhol, Andy	80
Skandale	25, 98, 109	„Was denkst du gerade?"	58
Smartphone	52, 145, 147	„Was machst du gerade?"	26f., 54, 57ff., 63, 67, 105
SMS	34, 96		
Social Calendar	146	Web 2.0	16f., 39, 66f., 141, 144
Software	93	Web 3.0	144
Sony Pictures	139	Werbeanzeige	71, 88
Sozialbedürfnis	36	Wikipedia	16, 38f.
Spam	116	Windows	144, 147
Stammtischmentalität	34	Xing	65
Status-Update	22, 26f., 54, 93	Yahoo!	118, 143
Stimmungsbarometer	57	Zeitschrift, gedruckte	71, 87, 90, 107f.
StudiVZ	23, 65		
Taschenrechner	147	Zivilstand	92f., 110
Tests	29, 31, 51, 67, 82, 93, 125, 128, 130f.	Zuckerberg, Mark	17, 22, 37, 56, 115f., 128, 146
Trend	14, 16, 20, 22, 28		
Truman Show	31		
Tweet	25, 65, 68		
Twitter	55, 57, 63ff., 105		

Ebenfalls erschienen ...

Douglas C. Merrill

Der Google-Effekt
Strukturiert denken im digitalen Zeitalter

Originaltitel: Getting organized in the Google Era
Originalverlag: Crown Publishing
320 Seiten, einfarbig, 19,95 €
ISBN 978-3-517-08618-7

Von Organisations-Guru Douglas C. Merrill – dem Mann, der Google strukturierte
Probleme beim Zeitmanagement, lückenhafte Erinnerung, ein Hang zum Multitasking – jeder von uns hat seine ganz persönlichen Schwachstellen, wenn es um das Organisieren des Alltags und des Jobs geht. Der Organisations-Guru und ehemalige Google-Informationsvorstand Douglas C. Merrill betont: Es ist nicht unser Fehler, unsere Gehirne sind einfach nicht konzipiert für den Informationsdruck im digitalen Zeitalter. Und laut Merrill sind viele altbekannte Organisationsprinzipien schlichtweg überholt. Merrill, der federführend war bei Google's Bestreben, die weltweiten Informationen zu strukturieren, bietet einen ganz Strauß an Ratschlägen, wie wir selbst oder unter Zuhilfenahme technischer Hilfsmitte (PC, Organizer, Handy...) mehr Struktur in den Alltag bekommen und somit mehr Zeit für die wesentlichen Aufgaben haben.

Ebenfalls erschienen …

Christoph Dirkes, Alexander Schütte

What's App?
Genial und verrückt!

128 Seiten, vierfarbig, 7,95 €
ISBN 978-3-517-08652-1

Die Welt der kleinen Alleskönner
Man kann es drehen und wenden, wie man will – es ist eine Revolution! Nicht nur, dass sich das *iPhone* von vertikal nach horizontal kippen lässt und die kleinen Helferprogramme jeder „Lage" gewachsen scheinen, auch die Tatsache, dass Apps Gewohnheiten für uns Anwender verändern, macht ihre „Erfindung" für jeden Einzelnen auf spektakuläre Art zur persönlichen Mondlandung …
Dieses Buch schafft unterhaltsame Einblicke in die Möglichkeiten für uns Anwender, die uns Apps in vielfältiger Form versprechen. In zehn Kategorien sind verschiedenste kleine Alleskönner geordnet, die – auch untereinander kombinierbar – sehr hilfreich sind. Von den Must-Haves bis zur Worst-App-Ever werden die kleinen (Fast-)Alleskönner vorgestellt, mit denen Sie Jobs erfolgreicher, Ihre Termine, Planung und Organisation strukturierter und Ihre Freizeit kurzweiliger gestalten können – ein Basispaket für (fast) alle Ver- und Gelegenheiten.

... bei Südwest

Demnächst erhältlich …

**Christoph Dirkes, Alexander Schütte
Prof. Dr. Lothar Seiwert**

Die besten Apps für's iPad

144 Seiten, vierfarbig, 9,99 €
ISBN 978-3-517-08682-8

Das iTuning für ihren mobilen Begleiter
Jetzt hat man das smarte Gerät endlich in Händen und fragt sich: Was mache ich eigentlich mit meinem *iPad*? Denn ein echter Computer im eigentlichen Sinne ist es nicht, aber es kann doch erheblich mehr als das *iPhone*. Ist das *iPad* von *Apple* „nur" ein neuer Design-Knüller oder eine echte Medien-Revolution? Gibt es tatsächliche eine neue Gerätekategorie zwischen Notebook, Netbook, eBook und Smartphone? Wer braucht ein *iPad* und wer nicht? Diese und andere Fragen werden hier beantwortet. Daneben werden sinnvolle Apps vorgestellt, die speziell für das *iPad* optimiert sind und aus ihm erst ein richtig gutes Gerät machen. Zum Surfen, Spielen, Termine verwalten … Das Buch verschafft einen Überblick in der Fülle von Apps, stellt deren Qualitäten vor und nennt deren Preis. Unentbehrlich, denn das *iPad* ist nur so gut wie die Programme, die auf ihm laufen.

... bei Südwest

Impressum

© 2010 der deutschen Erstausgabe by Südwest Verlag, einem Unternehmen der Verlagsgruppe Random House GmbH, 81637 München.
© der spanischsprachigen Originalausgabe: © 2009 by Juan Faerman First edition by Ediciones B Argentina, S. A., 2009; Published by arrangement with UnderCover Literary Agents & Caballero Literary Agent
Originaltitel: Faceboom. El nuevo fenómeno de masas Facebook

Die Verwertung der Texte und Bilder, auch auszugsweise, ist ohne Zustimmung des Verlags urheberrechtswidrig und strafbar. Dies gilt auch für Vervielfältigungen, Übersetzungen, Mikroverfilmung und für die Verarbeitung mit elektronischen Systemen.

Hinweis
Die Ratschläge/Informationen in diesem Buch sind von Autor und Verlag sorgfältig erwogen und geprüft, dennoch kann eine Garantie nicht übernommen werden. Eine Haftung des Autors bzw. des Verlags und seiner Beauftragten für Personen-, Sach- und Vermögensschäden ist ausgeschlossen.

Projektleitung
Dr. Harald Kämmerer
Sabine Gnan

Layout und Gesamtproducing
mediathletic bild + design
Christoph Dirkes · Neuenkirchen
www.mediathletic.com

Redaktion
Christoph Dirkes, Alex Schütte,
Susanne Schneider

Illustrationen
www.istockFoto.com
© iStock International Inc.:
Dragonian (Website and
Internet Icons | Blue-Serie)

**Umschlaggestaltung
und Konzeption**
R.M.E.
Eschlbeck / Kreuzer / Botzenhardt

Druck und Verarbeitung
GGP Media GmbH, Pößneck

Printed in Germany

ISBN 978-3-517-08656-5
9817 2635 4453 6271

Verlagsgruppe Random House FSC-DEU-0100
Das für dieses Buch verwendete FSC-zertifizierte Papier *Enso Classic 95* liefert Stora Enso, Finnland.